广东省五大高校大学武术课程思政共建项目校本教材

广东省哲学社会科学规划项目（项目编号：GD20CTY13）

大学武术

谢明川　主编

中国纺织出版社有限公司

图书在版编目（CIP）数据

大学武术 / 谢明川主编 . -- 北京：中国纺织出版
社有限公司，2022.8（2024.9重印 ）
ISBN 978-7-5180-9486-8

Ⅰ . ①大… Ⅱ . ①谢… Ⅲ . ①武术—中国—高等学校
—教材 Ⅳ . ① G852

中国版本图书馆 CIP 数据核字（2022）第 059928 号

责任编辑：闫　星　　责任校对：高　涵　　责任印制：储志伟

中国纺织出版社有限公司出版发行
地址：北京市朝阳区百子湾东里 A407 号楼　邮政编码：100124
销售电话：010—67004422　传真：010—87155801
http://www.c-textilep.com
中国纺织出版社天猫旗舰店
官方微博 http://weibo.com/2119887771
北京虎彩文化传播有限公司印刷　各地新华书店经销
2022 年 8 月第 1 版　2024 年 9 月第 2 次印刷
开本：787×1092　1/16　印张：12.25
字数：177 千字　定价：88.00 元

编　委

主　编　　　谢明川（肇庆学院）

副主编　　　赵明元（肇庆学院）

黎昌航（广东金融学院）

江涛章（广东工商职业技术大学）

谢小龙（广东理工学院）

陈明晓（肇庆医学高等专科学校）

梁华喜（肇庆学院）

编　委　　　李　辰　陈贵成（肇庆学院）　黄晓冰　李瀚河

李远洋　陈　浪（肇庆学院）

前　言

传承红色文化基因，构建五位一体模式。

联合五大高校出版，争创一流思政教程。

传颂中华文化经典，弘扬爱国主义精神。

面对当下"百年大变局"和"百年大流疫"冲击的新时代，我们要抓住机遇，变危为机。中共中央办公厅和国务院办公厅印发的《关于全面加强和改进新时代学校体育工作的意见》指出：义务教育阶段体育课程帮助学生掌握 1～2 项运动技能。这与《"健康中国 2030"规划纲要》提出的"基本实现青少年熟练掌握 1 项以上运动技能"的目标相呼应。"教会、勤练、常赛"是实现这一目标的必然路径，使大学武术回归到文明其精神、野蛮其体魄的根本要义上来。

《大学武术》主编带领教学和科研团队，破解以往传统线下武术套路教学为主的模式。根据最新疫情风险等级提醒，选择线上或线下教学模式。在研究岭南传统武术文化中国价值和世界意义（2020 年广东省哲学社会科学立项课题）基础上，撰写了《民族传统体育文化的继承保护与创新发展研究》专著，为拓宽课题《岭南特色传统体育回归校园文化传承与创新研究》（广东省"十三五"规划课题）的视野，为了解民族传统体育文化理论概貌，提供系统、全面、深入的解读抛砖引玉，为增加课题深度和广度知识图景添砖加瓦，为顺利完成课题奠定坚实的理论基础。岭南传统体育文化与校园文化互动发展模式研究（肇庆教育发展研究院课题）和隐性知识理论视角下大学武术教学模式改革研究（国家体育总局武术研究院课题），探讨教与学的课内与课外、线上与线下相结合，形成教与学你中有我、我中有你的良性互动发展模式。课堂教学以学生为中心，通过课程思政，融合武术礼仪文化，探讨教与学中你中有我、我中有你的命运共同体，了解武德精神的知和武德品德的行，达到课内与课外"知行合一"的目的。德是礼的内在动力，礼是德的外在表征。在教学中，教师要让学生了解武德与正当防卫法律边界，体悟未曾学武先学礼，未曾学武先学德的重要性，并融合社会主义核心价值观，培养学生的爱国主义精神。

在教师指引下，通过启发、引导、互动、发现的教学方法，培养学生独立认识问题、分析问题和思考问题的能力，并寻求解决问题的答案，同时培养学生团结合作的精神。通过课内与课外、线上与线下相结合的现代化教学，调动学生学习武术的积极性和主动性，提高学生学习武术的兴趣，构建礼、养、练、打、医递进式思政课程模块和教材体系。

本书总共五章，第一章武术文化礼仪的"礼"，礼在尊重，乐在和谐；第二章内功养生的"养"是健康基础，是开创近视眼养护新课程；第三章段位制套路的"练"是提高防疫功能；第四章格斗散打的"打"是正当防卫的需要；第五章武术运动损伤与预防的"医"是健康保障。五者联系紧密、相互促进，形成了礼德结合、养练结合、练打结合、武医结合五位一体四结合的课程模块和教材体系，破解了传统武术回归校园难题，弥补了武术文化空心化和课程碎片化。融合武术礼仪文化的礼与德，融合社会主义核心价值观，探讨教与学"你中有我、我中有你"的命运健康共同体，从而达到守护健康、养护眼睛、抵御疾病、增强防疫功能、强身健体、防身自卫的目的。

由于编者水平有限，加之时间仓促，本书在编写过程中难免有错漏，敬请专家与读者提出宝贵意见与建议，以便今后对本教材进行修改与补充。

作者

2022 年 1 月

目　录

第一章　武术文化礼仪的『礼』

　　为深入学习贯彻落实习近平总书记在全国教育大会上的讲话精神和《健康中国行动（2019—2030年）》《关于全面加强和改进新时代学校体育工作的意见》《关于实施中华优秀传统文化传承发展工程的意见》等文件精神，我国提出构建中华优秀传统文化课程和教材体系，大力发展以武术为代表的民族传统体育，积极推进武术等传统体育项目进校园，营造阳光健康、拼搏向上的校园体育文化，并融合武术文化礼仪和社会主义核心价值观为大学武术健康思政课程指明方向。

　　面对当下"百年大变局"和"百年大流疫"冲击的新时代，我们应思考大学武术思政课程"礼"的建设。为探讨大学武术教与学你中有我、我中有你提供理论依据，引领课程思政建设项目教与学的新方向。为国家建设文化强国、体育强国、健康中国助力。在全面建成小康生活的重要时期，重塑传统文化礼仪，推动校园文化建设，使礼与德、武德与社会主义核心价值观融合，达到你中有我、我中有你知行合一的目的。

第一节　传统文化"礼"与"德"的解读

　　国学大师钱穆先生说，中国传统文化的核心是"礼"。"有朋自远方来，不亦乐乎？"。但是，在"西学东渐"中，中华民族逐渐迷失了自己的文化方向和精神家园，"无礼"的中国开始凸显。改革开放以后，人民生活富裕了，却缺少了人文关怀。由于人文环境不容乐观，如一切向钱看，经常闯红灯，农民工经常被老板拖欠工资，穷人仇富等，导致了人民精神财富寄托缺失，人"无礼"的焦虑凸显。当前，在学校中西方体育所占比重过大，民族传统体育文化教育没有得到应有的重视，校园里传统礼仪和道德缺失，以至于造成学生文明行为不足、爱国意识薄弱、民族情感淡漠、生活方式西化等突出现象，给我们学校教育敲响了警钟。因此，目前在国家建设文化强国，全面建成小康的重要时刻，重塑传统文化礼仪，推动校园文化建设，建设和谐幸福社会具有当代价值和现实意义。

　　礼仪是在人际交往中，以约定俗成的方式来约束人的行为规范，遵守社会秩序所表现出来的律己、敬人过程。因此，礼仪的构建不但要强调那些具体的礼仪规则、约定俗成的程序，而且必须挖掘其中的道德依据和文化内涵。只有这样的具体规则和一定程序，才能得到受教育者的真正认可，才可能内化为人潜意识的思想品德，完全自觉地、习惯地在日常生活和工作交际中表现出来。

　　源远流长的文化礼仪是中国传统文化的基因，是儒学的核心。我国学者对文化礼仪做了梳理和探讨，提出了很多具有价值的礼仪观念，但是关于传统武术礼仪的研究相对较少。在中文期刊网以"武术礼仪"为关键词进行搜索仅出现36篇论文。传统武术礼仪是指传统习武者在习武群落中为建立起人与人之间特定关系，并为所有习武者所共同认可的，而表现出来的具有浓厚民族传统文化特色的礼节、行为准则。

"未曾学武先识礼，未曾习武先明德。"武德是中华武术之"礼"，以忠、信、孝、悌、礼、义、廉、耻、荣为主要内容。忠：忠于祖国，忠于党，忠于职守。信：诚实守信，遵纪守法。孝：孝顺父母。悌：友爱兄弟。礼：文明礼貌，知书达理。义：匡扶正义，见义勇为，坚持真理。廉：清正廉洁，大公无私。耻：以危害祖国为耻，以背离人民为耻，以愚昧无知为耻，以好逸恶劳为耻，以损人利己为耻，以见利忘义为耻，以违法乱纪为耻，以骄奢淫逸为耻。荣：以热爱祖国为荣，以服务人民为荣，以崇尚科学为荣，以辛勤劳动为荣，以团结互助为荣，以诚实守信为荣，以遵纪守法为荣，以艰苦奋斗为荣（图1-1）。

图1-1　武术的"礼"

"德"是品德、品格，为人类的进化，不仅指出生理上的变化，还包括人的道德水平的提高，懂得用它来约束自己的言行举止。这种约束来自对道德性的学习、认识及其内化，并成为自觉的行为。这也是文化自觉、文化自信的前提和基石。武德是强调良好的道德与武术水平之间的密切联系，传统武术把武德作为衡量习武者进入师门的准则，约束习武者养成良好的品德。武德的养成有助于净化人的精神和心灵，为和谐社会奠定良好的心理基础，营造良好的社会氛围，化解人与人之间的道德危机、解个体心灵的信念危机、化解人与社会的人文危机、化解人与自然间的生态危机，是武术文化"天人合一"的和谐观。

"德"是"礼"的源泉和动力，"礼"是"德"的载体和表征。"德"与"礼"互相衬托、相互映衬。《礼记》说，礼的最高境界是"德辉动于内，礼发诸于外"。德才是礼的内核。所以，我们不主张简单的复古，或一味地鼓吹古代礼仪，但在对传统取其精华去其糟粕之后，进行重塑，使传统中的精华在现代文明中得到良好的承接。正如费孝通先生说的"各美其美，美人之美，美美与共，天下大同"。

第二节　"无礼"行为的焦虑调查

在问卷调查中发现，90％学生都承认这样一个事实，现代人远不如古人有礼。其中34％的学生认为学校礼仪教育缺失，导致不知如何做好；25％的学生认为由于家长的溺爱，在家养成的习惯；20％的学生认为是受社会的影响，现在社会都这样；11％的学生认为是受互联网影响，互联网上什么都有（表1-1）。从以上数据可以看出，没有礼的社会终究会失去规范。21世纪是广东传统文化消逝最快的一个世纪。作为文明象征的礼仪，在近代遭受前所未有的打击，取而代之的是"西学东渐"。自五四运动以来，西化已成为一种潮流。西方潮流的侵袭和国人对传统文化礼仪彻底的自我否定，造成了中华民族传统文化礼仪的断裂。

表1-1　学生礼貌现象调查表

| 各级学校 | 现代人不如古人有礼 | | | | |
	学校礼仪教育缺失（％）	家长的溺爱（％）	受社会的影响（％）	受互联网影响（％）	现代人比古人有礼（％）
小学	7	5	3	1	3
初中	8	6	5	2	3
高中	9	6	5	2	2
大学	10	8	7	4	2
合计	34	25	20	9	10

一、社会现象

改革开放以后，人民生活富裕了，却缺少了人文关怀。2006年9月22日，中央文明办和国家旅游局公布了从网上征集的10类"中国公民出国（境）旅游常见不文明行为"：乱丢垃圾、坐公交车抢座、排队插队、大庭广众脱袜赤膊袒胸、吃自助餐多拿多占、遇有纠纷恶语相向等。

央视春节晚会的节目曾以有钱人作为笑料，小富即安、爱钱如命、暴发户、冷漠、迷信似乎成为典型有钱人的形象，甚至有被妖魔化的趋势。中国"礼仪之邦"的民族形象遭受到了影响。例如，中餐馆永远比西餐厅嘈杂，公共场所里永远有高分贝的嘈杂声；广州市马路上强行超车、堵塞是司空见惯的现象；人们坐公交车没有上下有序、主动让座的习惯；在公共场所人们习惯了随地吐痰、践踏草坪、蹲踩座椅、衣冠不整、行为懒散、满嘴脏话等。

广东在历史上经历了四次大规模的移民潮，改革开放后也大量引进外地人才，但矛盾的是不少外地来粤的人却表示对广东城市的身份认同感很低。他们有的只是生存和竞争的压力，在这座看似包容的城市里找不到自己的精神家园。

二、校园现象

近年来，中国在经济飞速发展和社会不断进步的同时，国民素质的提高却显得相对滞后。就当代青少年而言，无论是科学文化知识方面，还是个人综合素质方面，都应该是国民的典范。但据调查显示，青少年自认为礼仪修养很好或偏高的只占 3.5%，而自认为问题较大的占 33.1%。相当一部分青少年还缺乏基本的礼仪知识和修养，校园里不文明行为随处可见。比如，不讲卫生、乱扔垃圾、践踏草坪；不尊重师长；上课迟到、早退现象严重；衣着不整、奇装异服；等等。这些现象日趋严重，已成为中华民族精神文明的一个隐患。在青少年中这种受教育、没教养，有知识、没文化的现象直接影响到国民的整体素质和人才质量，与我国千年礼仪文化传统背道而驰，给我们学校教育敲响了警钟。

三、竞技现象

中国凭借雄厚的经济实力使竞技体育在当今飞速发展，给人们带来了无与伦比的异化现象也越来越严重。经济快速发展背景下物质利益对心理的诱惑，不断影响着人们的人生观、世界观、价值观。见利忘义、拜金主义、唯利是图等思想不断侵蚀着人们的价值取向，表现为"务实性"和"功利性"。此种环境下，运动员眼中仅有金光闪闪的金牌，"夺金摘银"成了运动员心目中唯一的准则，而体育的最终原则"育人"被当成了美化竞技运动的口碑，成了政绩、业绩追求者的藏身之处。

20 世纪，屈辱的历史让国人做出一个极端的选择。中华民族传统礼仪的文化价值因此被全盘否定。一百年之后，学习西方文化，我们再也找不到共同遵守的礼仪秩序。21 世纪的今天，当我们重新审视传统礼仪时，中国人民又是怎样的一种态度呢？

第三节 传统文化礼兮归来

过去的一百年，中国付出了沉重的代价，破坏了自己的礼仪，而我们遗失的礼仪却在韩国、日本得到了很好的保存与延续。一百年后，国人发现外国东西解决不了中国问题，开始反省并重新审视自己的传统文化，意识到让中国发展起来必须吸取精华和废弃糟粕文化，倡导和培育社会主义核心价值观，坚持走中国特色社会主义之路。

近年来，《叶问》《黄飞鸿》《李小龙》电影播映后，在不少广州本地年轻人中兴起了一股功夫热。他们为广东传统建筑被拆除、广东传统民俗体育流失的现状感到惋惜，并开始觉醒起来，积极宣传和呼吁保护广东传统文化，甚至自发寻找民间传人，拜师学咏春拳。这就是一种文化自觉、文化认同、文化自信的回归。

优秀的传统文化是有生命力的，在适当的时机必定绽放光芒。"激情盛会、和谐亚洲"既把握了时代的主题，又体现了亚运会的宗旨，表达了亚洲各国人民的共同愿望。"激情盛会"一是指广州人民将用最大的热情来迎接全亚洲的体育健儿；二是广州亚运会将是一场充满激情与活力的盛会，能充分体现动感亚洲这一意义。"和谐亚洲"则道出广州人民、中国人民对亚洲的期待，希望前来参加亚运会的各国、各地区人民，不分社会制度、不分肤色、不分语言，以相互之间的友谊，共同营造一个和谐的亚洲。

虽然随着社会结构的变迁，社会转型的影响，传统文化礼仪中的很多东西已经不再适应新时代发展的需要而消逝了，但优秀的传统文化是有生命力的，即便遭受打击和摧毁，也必然会因为某种需要而重生。当然，传统的并不都是精华。我们可以从古代的礼仪文化中找到它们合理的文化内核，然后探讨出适应当代生活的形式。社会一直在变，现代生活与古代社会的生活完全迥异，将古代的仪式强加于现代的生活是不现实的。我们的任务在于充分挖掘广东传统礼仪文化的内涵，而非拘谨的形式。

古人云："礼义廉耻，国之四维，四维不张，国乃灭亡。""人无礼则不生，事无礼则不成，国无礼则不宁。"可见，礼仪是国家发展的软实力，讲"礼"是为了求"和"，即所谓"礼为用，和为贵"。于国，求国泰民安，社会稳定；于民，求人际和谐，家庭和睦。

重建一个共同遵守的礼仪秩序是必然趋势。"和而不同"，本身就是我们文化的内涵。重塑的礼仪秩序，也应该是"海纳百川，开放兼容"的心态。

第四节　古礼的扬与弃

"和而不同"，走自己的路意味着对自己的文化礼仪进行重新选择。我们该如何进行取舍和发扬？

"凡是能够促进社会文明进步的传统礼仪我们都应该保留，而对于一些带有封建的等级观念和制度下的东西应该抛弃。"中国古典哲学中宣扬神学、天命、迷信之类的非科学思想，是今天中外民族文化爱好者所摒弃的。但是，传统的以忠、信、孝、悌、礼、义、廉、耻、荣为主要内容，所具有的爱国、正义、守信、重义、有礼等思想应该发扬。研究传统文化的著名人文学家李汗秋举例，如在冠礼上，古代一品官有一品官的服装，七品官有七品官的服装，标志着身份；又如，像跪叩礼、杀鸡拜神，这些东西我们完全可以把它废弃掉。

好的现代习俗也完全可以取代坏的传统，如在春节的压岁钱这个问题上。压岁钱本是晚辈对长辈的一种期望，但现在却演变成了攀比。其实，还不如像圣诞老人给小孩最需要的和最想要的东西。满足小孩平时最想要的东西，感情分量也就重起来了。当我们在为失去一个共同遵守的礼仪秩序而焦虑时，重建一个礼仪秩序是必然趋势。

为了表达人们的某种情感，以及维护统治者的需要，礼仪程式十分烦琐，以示隆重。仅以古代拜师礼为例。古代拜师要经过以下几个程序：① 主事者入席；② 延师晋堂就位；③ 告天神；④ 告祖宗；⑤ 呈拜师帖；⑥ 拜文房四宝；⑦ 拜孔圣；⑧ 明师回帖；⑨ 奉呈学金；⑩ 礼呈戒尺；⑪ 开宴。武术的拜师礼比之更加复杂，有些还有杀鸡宰羊，向老师奉茶等。在二十一世纪高效率的时代背景下，武术礼仪再像以前一样那么的烦琐、复杂，显然是不符合时代潮流的，也是不易于传播和推广的。

现在国际武术联合会规定以抱拳礼作为武术行礼拜师、竞赛、表演、教学、交流等方面的基本礼仪，简单而且容易推广，这也是中国传统的一种礼节。抱拳之礼被注入新的内涵，其本着当代武术运动为和平与友谊的宗旨，右手握拳寓意尚武崇德，以武会友；左掌四指并拢寓意五湖四海之内皆兄弟朋友，团结合作，共同把武术推向世界；屈左拇指寓意虚心学习，不自大。

第五节　重塑礼仪谁来推动

一、政府主导

调查结果显示，55％的学生认为重塑礼仪由政府主导来推动（表1-2）。由政府来主导，正在成为一种主流观点和趋势。从日常交际礼仪到传统节日的民族礼仪再到服饰文化礼仪，社会各界认为，政府倡导和推动是重要的。

二、法律护航

调查结果显示，25％的学生认为重塑礼仪由法律护航来推动（表1-2）。在所有的政府手段中，法律手段被寄予了最高的期望。还有人建议将礼仪规范立法，并在全国范围内强制推广。

三、民间倡导

调查结果显示，8％的学生认为重塑礼仪由民间倡导来推动（表1-2）。事实上在中国，如果没有政府的提倡与扶持，单靠民间的力量，是不够的。当然，民间团体的力量也不可忽视，民间的很多活动正是由各种团体和协会组织推广的。此外，学界的理性思辨也能起到积极的作用。

四、媒体宣传

调查结果显示，12％的学生认为重塑礼仪由媒体宣传来推动（表1-2）。几乎所有接受采访的专家学者认为媒体的舆论导向作用是不可低估的，尤其是主流媒体。作为学者，其只能影响一个课堂，但作为国家主流媒体，它影响的是整个世界。

表1-2　重塑礼仪调查表

各级学校	政府主导 （％）	法律护航 （％）	民间倡导 （％）	媒体宣传 （％）
小学	5	2	1	2
初中	12	6	1	2
高中	18	6	2	3
大学	20	11	4	5
合计	55	25	8	12

第六节　现代文化礼仪的构建

一、以素质教育为契机，融合社会主义核心价值观，推动现代文化礼仪的构建

　　中共中央公布的《公民道德建设实施纲要》把礼仪作为道德规范的组成部分纳入了公民道德建设的纲要之中，把"明理诚信"作为公民的礼仪、礼节、礼貌活动，对规范人们的言行举止有着重要作用。这就充分地肯定了礼仪教育在公民道德健身中的地位和作用。普通高等师范院校培养体育师范生的主要任务是培养合格的中、小学体育教师，"礼仪"一词，很早就被作为典章制度和道德教化使用。

　　学校是民族文化礼仪传播和推广的主阵地，而礼仪教育也是素质教育的重要组成部分。近二十年来，我们国家一直在倡导素质教育，全国各中小学校、高校大多开设了文化素质课程，国家相关政策和学术研讨会也已经不少，但大学生整体素质并无明显提高，反而被弱化，其中原因值得反思。

　　知识教育当然是不可或缺的，但它绝不能替代或者等同于素质教育。素质教育的成果是隐性的，是潜移默化的，但却对人的行为起着最根本的作用。其中有两个主要要素：其一，是否有健全的人格；其二，是否有人文关怀。

　　所谓健全的人格，是说人之所以为人的良好品格。人类的进化，不仅指生理上的演变，还包括人道德性的增长，懂得用它约束自己的言行。这种约束来自道德性的学习、认识及其内化，并成为自觉的行为。其是以传统文化忠、信、孝、悌、礼、义、

廉、耻、荣为主要内容，并以结合"八荣八耻"荣辱观为标尺。

所谓人文关怀，是说对人类、社会、民族、国家的前途是否关注，是否愿意为之担负其应尽的责任，齐家、治国、平天下，借用一句佛教的术语，叫作"担当"。从孔子、孟子开始，历代的有识之士都是有文化担当的。"天下兴亡，匹夫有责"。

健全的人格与人文关怀，是文化素质教育和礼仪教育最重要的任务，前者是为了自身的完善，后者则是为了推动社会的进步。当今大学的素质教育，大多在课程的数量和名目上下功夫，没有在"礼"与"德"文化内涵和荣辱观根本的问题上着力，也就不可能收到应有的效果。因此，素质教育的课程设计可以从多维视角出发。礼仪教育是素质教育的重要组成部分，中国传统文化礼仪可以为当今的素质教育提供丰富的素材。礼是一种教育方式，对于某一个人来说，每天按照礼的要求去生活，他就会从外到内地不断提升；对于一个学校、一个社区来说，每天如此，就会改变这个单位或者地区的精神面貌；如果全社会都能这样做，中国就可以稳步实现和谐幸福社会。

"礼在尊重，乐在和谐。"融合社会主义核心价值观，推动现代文化礼仪的构建。党的十八大以来，中央高度重视大力提倡践行社会主义核心价值观。"倡导富强、民主、文明、和谐，倡导自由、平等、公正、法治，倡导爱国、敬业、诚信、友善，积极培育和践行社会主义核心价值观"的重要论述，产生了极大的社会反响，引起了全社会的普遍关注。习近平总书记多次作出重要论述、提出明确要求。中央政治局围绕培育和弘扬社会主义核心价值观、弘扬中华传统美德进行集体学习。中共中央办公厅下发《关于培育和践行社会主义核心价值观的意见》。党中央的高度重视和有力部署，为加强社会主义核心价值观教育实践指明了努力方向。习近平同志在党的十九大报告中指出，培育和践行社会主义核心价值观，要以培养担当民族复兴大任的时代新人为着眼点，强化教育引导、实践养成、制度保障，发挥社会主义核心价值观对国民教育、精神文明创建、精神文化产品创作生产传播的引领作用，把社会主义核心价值观融入社会发展各方面，转化为人们的情感认同和行为习惯。

二、现代文化礼仪结构体系的构建

现代文化礼仪是人们在长期的政治、经济、文化、教育等活动中相互交往所形成的各种礼节、仪式及其在应用过程中所产生的各种文化现象，是文化表现形态之一。文化礼仪是人类在长期社会实践中所创造的特殊形式的文化。它是一种广义文化概念的应用，即包括物质文化、制度文化、精神文化三个部分。物质文化居于表层礼器，它包括礼服、礼品、礼具等，具有强烈的时代性。制度文化是中层文化礼仪规范，它包括具体礼节、仪式、仪表等，具有极强的权威性和规定性。精神文化是最稳定、最保守的深层文化礼仪观念，它包含道德观、荣辱观、价值观、审美观、思维方式、民族心理等，这是文化礼仪的核心和灵魂，是文化礼仪的标志。可见，文化礼仪是一个多维结构体系，是人类在其生存和发展过程中为了构建和谐社会所创造出来的人与自然、人与社会、人与人之间各种关系有形无形文化礼仪成果的总和（图1-2）。

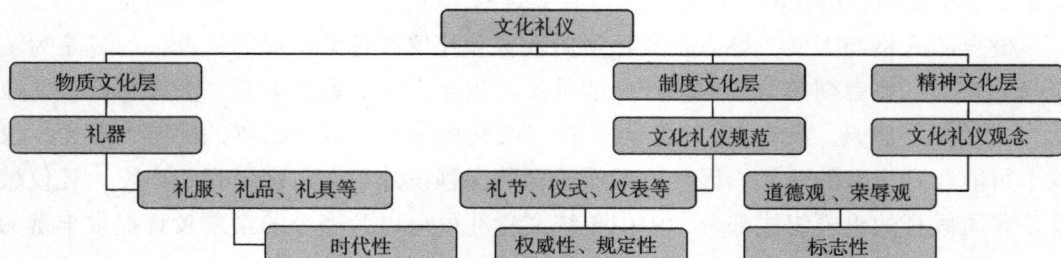

图1-2　现代文化礼仪结构体系图

第七节　小结

中国的强盛，不仅是经济的强盛，也是文化的强盛。现代文化礼仪的构建对提升中国文化软实力，推动校园文化建设有着重要作用。现代文化礼仪规范修订与推广，在对外开放交流中提升国家良好形象扮演着"礼仪之邦"文化使者的角色。在建成小康生活，建设文化强国，正在向着全面建成社会主义现代化强国的第二个百年奋斗目标迈进的重大的历史关头，对构建和谐幸福社会具有特别重要的意义。基于此，提出传统武术文化礼仪的回归与构建的研究与探讨，为构建21世纪现代文化礼仪，以习近平新时代中国特色社会主义思想为指导，在"讲述＋示范＋评析"的大学武术健康思政课堂教学过程中融入武术礼仪文化和社会主义核心价值观，通过启发式教学、互动式教学、案例讨论式教学等模式，提高文化自觉和民族复兴意识，培养学生提高认识问题、分析问题、思考问题的能力，寻找问题解决答案，增强学生的道路自信、理论自信、制度自信、文化自信，为学生树立科学的世界观、人生观和价值观打下必需的思想和理论根基，为实现"中国梦"而努力奋斗，为推动校园文化课程思政建设抛砖引玉、添砖加瓦。

参考文献

[1] 毛海涛，刘树军.传统武术礼仪教育的文化学思考[J].广州体育学院学报，2006，26（4）：88-90.

[2] 赵子建.武术在构建和谐社会中的价值及其实现策略[J].体育文化导刊，2012（3）：125-129.

[3] 彭丽冰.论中华传统礼仪文化与现代公共道德建设[J].中共石家庄市委党校学报，2012，14（2）：37-39.

[4] 韩冰.对武术礼仪规范的研究[J].体育世界（学术版），2011（3）：11-12.

[5] 任东根.论跆拳道礼仪中的中国传统文化[J].科技向导，2011（36）：20.

[6] 李小园.和谐文化视野下中华优秀传统[J].内蒙古电大学刊，2008（11）：54-55.

[7] 雷军蓉，程世帅，张继生，等.中国武术礼仪的批判与超越[J].中华武术·研究，2011，1（4）：7-10.

[8] 付雯，陈华国.关于加强高校体育师范生武术礼仪教育问题的思考[J].福建师范大学福清分校学报，2008，88（5）：90-93.

第二章　内功养生的『养』

第一节 眼明八段锦

八段锦是由八节动作组合而成的内功养生功法。它以导引为主，配合呼吸调节，意念引导。动作均匀含蓄，形态舒展，上下左右兼顾。要求内外俱练、动静相兼，重在宣通内血、活畅关节、运化气血、协调五脏六腑功能，具有对症调理、防病治病的作用。

八段锦中所涉及的某些练法，远在秦代时就已经出现，经历代演化丰富后，在宋代逐渐形成系统。宋人洪迈所编《夷坚志》中就曾提及，在曾慥所编的大型著作《道枢》中有了更为详细的记载，如"仰掌上举，以治三焦者也；左肝右肺，如射雕焉；东西独托，所以安其脾胃矣；返复而顾，所以理其伤劳矣；大小朝天，所以通五脏矣；咽津补气，左右挑其手；摆鳝之尾，所以祛心之疾矣；左右手以攀其足，所以治其腰矣。"《金剑子引导子午记》中对八段锦又作了部分修订，用歌诀的形式记载下来。其后，明时的《遵生八笺》、清代的《寿世传真》《卫生要术》《内功图说》等养生文献中，均有八段锦的记述。

八段锦在长期的发展中根据风格与练法的不同，形成了多种流派。根据练习姿态可分为坐式八段锦与立式八段锦；又可根据南北刚柔练法的不同分为文八段与武八段。在众多的八段锦套路中，清代光绪年间定型的立式八段锦成为后来较为稳定和流行的功法。本节介绍的即为影响较大的立式八段锦。

广东电视台公共频道播出

健身气功八段锦 谢明川教授示范

第一式　双手托天理三焦

预备式：两脚并步站立（图2-1）。

两足平行开立，同肩宽，松静直立，含胸拔背，沉肩松肘（图2-2）；两手捧起托于腹部（图2-3），自然呼吸，意念中如托一球；双手缓缓上捧，至胸口膻中穴时，翻掌十指交叉（图2-4）；继续上托于头顶（图2-5），目随手走，边推托边呼气，定式调匀呼吸，目光回收；稍停片刻，缓缓吸气，两手随吸气向身体两侧分开向下划弧，慢慢落于小腹前，稍停片刻；如此反复托举三次。

图2-1　两脚并立　　　　图2-2　两脚开立　　　　图2-3　两手捧起

图2-4　两手翻掌　　　　图2-5　两手托顶

要求：双手托腹时宜轻宜稳，双臂要圆，胸怀开阔，上托时掌心如托巨球，缓缓推向前上方，意念中人通天彻地，上下贯通一气。

作用：此式可调理三焦。中医认为三焦是人体的上、中、下三个部位。上焦，指胸膈以上部位，包括心肺等；中焦，指胸膈以下、脐部以上部位，包括脾、胃等；下焦，指脐以下，包括肾、膀胱、大肠、小肠等。这种全身伸展运动，伴随深呼吸，能起到调理三焦的作用，对腰背和骨骼也很有好处，并有助于矫正畸胸驼背、脊侧弯，防治肩周炎。

练习：眼随手，促进眼睛的养护和保健。

第二式 左右开弓似射雕

自然站立，左足向左横开一大步，重心落于两脚，两手胸前抱圆，同时吸气，手腕高与下颌齐，左手在里，右手在外，目视手腕相交处，身体下蹲成马步（图2-6）；向左拧腰转身，左手为掌，右手为拳，缓缓分开，同时呼气，目视左前方（图2-7、图2-8）；缓缓起身，身体放松，两手仍抱于胸前，同时吸气，右手在里，左手在外（图2-9）；再向右拧身，身体下蹲呈右开弓。左右对称练习，如此反复三次，收回原位（图2-10）。

图2-6 马步交叉手　　图2-7 马步变拳指　　图2-8 马步拉弓

图2-9 马步交叉手　　图2-10 两脚并立

要求：两手胸前相抱，神气凝固，浑厚如一；两手分开，柔中含有力度，但不可呈僵劲，前掌如推山，后手如拉弓；定势时凝固如江海，不动如山岳。

作用：此式有理肺气之效；扩胸展背，增大胸廓活动范围，增强呼吸系统功能，矫正低头含胸。

练习：眼随手，促进眼睛的养护和保健。

第三式　调理脾胃须单举

两手掌心向上，相叠于腹部，右手在上，左手在下（图2-11），稍停片刻，两掌上下分开，同时翻掌（图2-12、图2-13），随之缓缓吸气，右手上举，左手下按（图2-14），同时呼气，目光平视前方，稍停片刻，右手缓缓下落，两掌仍相叠于腹部，左手在上，右手在下（图2-15），调匀呼吸，稍停片刻，左右对称，各做三次。

图 2-11　开立捧手　　　　图 2-12　开立翻掌　　　　图 2-13　开立翻掌

图 2-14　上举下按　　　　图 2-15　开立捧手

要求：两手上撑下按时，遥遥呼应，中间如有气相牵；向上时以向上撑为主，略往外；下按时以向下为主，略向外。

作用：此式可调理脾胃，改善消化系统的功能。

练习：眼随手，促进眼睛的养护和保健。

第四式 五劳七伤向后瞧

左脚横开一大步（图2-16），两手侧起，同时吸气，臂内旋按于胯前，同时呼气，身体下蹲，稍停片刻（图2-17）；身体左右转动，目随身转，转时吸气，扶正时呼气，定势时稍停片刻（图2-18～图2-20）。左右各转三次。

图2-16 两脚开立　　　图2-17 开立下蹲　　　图2-18 开立左看

图2-19 开立下蹲　　　图2-20 开立右看

要求：手按至胯前，随之沉气，意存丹田；左右旋身时，身体中线保持正直，两手按的位置不变，而身体其余部位旋动，动中有静。

作用：有助于改善中枢神经系统功能，防治颈椎病。

练习：眼随手，促进眼睛的养护和保健。

第五式　摇头摆尾去心火

左脚向左开一大步，两手由侧向上，再向前下按扶至大腿上，大拇指分开虎口向内（图2-21、图2-22）；气沉两足，意守足心，扭腰转身，目视足尖，吸气（图2-23）；定势后再向相反方向弧形转动，头微向上顶，后肩略下压形成旋扭之力（图2-24）；左右各做三次。

图 2-21　开立分掌

图 2-22　马步下蹲

图 2-23　马步右摇

图 2-24　马步左摇

要求：合胯松腰；左转右摇，顾盼流动；百会穴略上顶，领一身之气；拧腰翻转相融为一体。

作用：此式可使心肾相交，降心火、除烦热。

练习：眼随身转，促进眼睛的养护和保健。

第六式　两手攀足固肾腰

两脚平行站立，以掌扶肾部（图2-25）；缓缓俯仰三次，仰时吸，俯时呼（图2-26、图2-27）；双手向前，随俯身轻握足尖，虎口向前，头尽量下低（图2-28、图2-29）；定势自然呼吸，反复握足三次。

图2-25　开立摩腰　　　　图2-26　开立后仰　　　　图2-27　开立前俯

图2-28　开立分掌　　　　图2-29　开立握足

要求：俯仰中以意念吸天地精华，以养人体精气神；俯身握足有固气功用，俯身时要松腰松腹，仰身时要使气不上浮。

作用：此式有强腰健肾之效，防治腰酸背痛。

练习：眼随手，促进眼睛的养护和保健。

第七式　攒拳怒目增气力

两脚平行开立，两臂由体侧向前上举，高于肩平，手心向上，两手变拳收于腰间，目光平视（图2-30～图2-32）；气沉丹田；呼气右臂内旋，随转腰缓缓将右拳向前方冲出，腹部放松，身体微蹲（图2-33）；吸气左臂外旋，将左拳向左前方冲出，右拳同时收回腰间（图2-34）；左右反复各五次。

图2-30　两脚开立　　图2-31　开立托掌　　图2-32　马步握拳

图2-33　马步右冲拳　　图2-34　马步左冲拳

要求：握拳于腰间，冲拳时全身气息鼓荡，力意相随而合于外。

作用：此式可长内力，加强气血运行，促进肌肉发达，逐渐增强力量和耐力。

练习：眼随手，促进眼睛的养护和保健。

第八式　背后七颠百病消

两脚略分开，轻轻吸气，脚跟提起以脚掌用力，呼气脚跟重重落下，振动全身，连续震颤若干次（图2-35）；自然呼吸，手扶丹田，闭目凝神片刻，收势（图2-36）。

图2-35　并步站立　　　　　图2-36　并步养神

要求：脚跟快速颤动，全身振荡。

作用：此式可行气养血，改善脏腑功能。

第二节　岭南仙人心法

岭南仙人心法又称"坐式八段锦"，形成于明代，其最早见于朱权编撰的《活人心法》和冷谦的《修龄要旨》。它较好地结合吸收了明以前功法中的一些典型单式，为传统内气功中最富代表性、流传较广的功法。

岭南仙人心法的特点是动静结合，动作轻柔优美、舒缓大方。它包括了导引、存想、行气、按摩等多种练习方法。

第一式　握固冥心

两腿自然交叉盘坐（图 2-37）；两手微向上抬翻掌，手心向上（图 2-38）；大拇指内扣，其余四指再卷握，握好后翻腕，拳心向下，轻放于两膝（图 2-39），闭目凝神，摒弃一切杂念，调匀呼吸。

要求：握拳要柔缓，缓中见稳；头要正，腰要直。

作用：此式有固神气、养内脏的作用。

图 2-37　自然盘坐　　　　图 2-38　盘坐翻掌　　　　图 2-39　盘坐握拳

第二式　叩齿集神

坐式不变，缓缓开目（图 2-40）；上下牙齿相叩三十六次，叩齿完毕后，两手向上抬起，十指交叉抱于脑后（图 2-41）；以鼻呼吸，细微均长，意念中暗数鼻吸九次。

要求：叩齿时张口不可过大。

作用：叩齿有助健齿健肾，而且有聚气聚神的作用。

  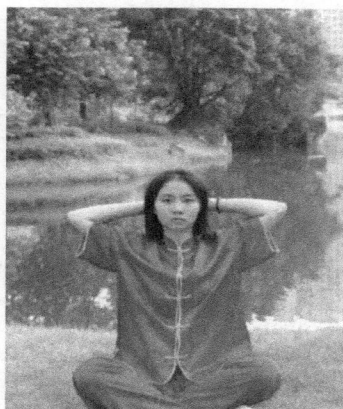

　　　　　　　　　　　　　　　　（a）背面　　　　　　　（b）正面

图 2-40　自然盘坐　　　　　　图 2-41　盘坐叉手

第三式　天鼓声声

放开交叉双手，以掌轻压两耳（图2-42）；以食指叠在中指上，再用力弹下，此时耳内如闻击鼓声；左右交叉弹击二十四次，共闻四十八声。

要求：手指弹击玉枕穴，为督脉所经之处；弹击要有力。

作用：此式可清脑明智，提高听觉能力，而且有健肾功能。

图2-42　盘坐弹指

第四式　摆撼天柱

两手下落十指交叉置腹前（图2-43）；目视掌指交叉处，调匀呼吸，细细吐气，同时以脊柱为轴，身体缓慢左拧，双手随之向左下方尽力推（图2-44、图2-45）；目光随手而行，意念中如推重物，深吸气，身体放松复正，再拧身右推（图2-46）；左右对称二十四次。

要求：拧身推手时，盘坐双腿不可挪动，仍保持平稳，手掌推压时，全身用力，周身一气。

作用：可利用气息鼓荡，使血脉舒通，治疗头痛及风湿。

图 2-43　盘坐交叉

图 2-44　盘坐左推

图 2-45　盘坐左推

图 2-46　盘坐右推

第五式　龙行虎奔

　　松开交叉双手，大拇指与中指尖相合，两掌手心向上轻放至膝上（图 2-47），以舌顶上腭，意念内守，静坐片刻；感觉口内津液产生后，以舌左右运转搅动十六次，再用两腮前后鼓漱数次，将口内津液分三次缓缓吞咽入腹，吞咽时以目光内视，并以意念相随送至脐下丹田。

　　要求：吞咽津液时要以意气相随；"龙"即津，"虎"为气，津下去时气亦随之，故称"龙行虎奔"。

　　作用：练习中口内产生的津液吞咽入腹后可滋养内脏。

图 2-47　盘坐指尖合

第六式　背摩精门

以鼻深吸一口气，合齿闭住，两手相对搓热（图 2-48）；分开后轻贴于腰两侧肾盂穴上，片刻后上下缓缓搓揉（图 2-49），同时从鼻中徐徐出气，意念中气贯肾脏，上下各搓九次，再以两掌轻贴肾盂，凝神静养。

要求：两手贴于腰两侧缓缓搓揉。

作用：肾为命之源，肾盂又称精门，为人体生命活动能源所在，故此式有补肾健肾效果，对于神经衰弱、耳鸣头昏有调节作用。

图 2-48　盘坐合掌

图 2-49　盘坐搓腰

第七式　火运脐轮

双手相叠于丹田（图 2-50），闭目调息，意念存想体内，引自然之气温烧丹田，有热感时，细细从鼻放气，反复做三次。

要求：摒除杂念，以意领气，柔和自然。

作用：丹田为人体气源，气运丹田为人体内丹术之法，以人体精气为固，与神意结合，从而旺盛生命力。

图 2-50　盘坐调息

第八式　摇转辘轳

　　双手松握拳，平端身体两侧（图 2-51）；右臂保持不动，左臂划圆，如摇辘轳，先顺时针向前（图 2-52），再逆时针向后，各九圈；接着左臂保持不动，右臂划圆，前后各九次；拳向后时吸气，向前时呼气，两手拳略高于肩，沉肩坠肘，意念中将自己融于自然之中；练习完结，收手安坐（图 2-53）。

　　要求：双臂划圆时，要均匀连贯，意念中如天地之气合于一身；练习一段时间后，手上会有阻力感。

　　作用：此式可开胸、除浊气、治肩周炎等。

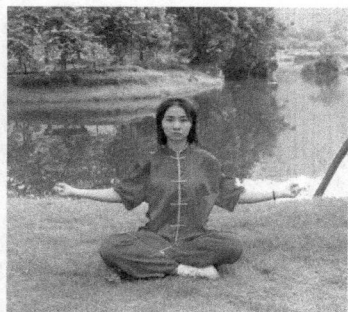

图 2-51　盘坐划左圆　　　　图 2-52　盘坐划右圆　　　　图 2-53　盘坐调气

第九式　舒足托掌

　　两腿平伸向前，手轻扶膝盖（图 2-54）；静神调息，双手交叉，手心向上置于头顶（图 2-55）；缓缓向上托起（图 2-56），随之细细呼气，再稳稳落下，同时吸气；如此反复托收九次。

　　要求：托掌时意念中如托巨球，以腰助力，全身配合。

　　作用：此式有理全身之气、伸筋拔骨、通合上下之效。

图 2-54　两腿平伸　　　　　图 2-55　平伸交叉　　　　　图 2-56　平伸托起

第十式　俯身攀足

　　两手轻扶膝盖（图 2-57），意在两掌，先由外向内（图 2-58），再由内向外，各揉按九次；双手沿腿部内侧前推，上体随之缓缓俯身，手握脚心涌泉穴，头部尽量下低（图 2-59）；起身时吸气，前俯时呼气，意念中头顶百会与涌泉相合，反复做五次。

　　要求：俯身时头尽量下低，动作配合呼吸，并与意念相合；周身完整如一，浑然贯通。

　　作用：运气揉膝，防治下肢疾患，进而增强全身活动功能。

图 2-57　两腿平伸　　　　　图 2-58　平伸前俯　　　　　图 2-59　平伸握脚心

第十一式 鼓漱吞津

盘腿静坐，两手平放膝上（图2-60），渐渐将意气收回体内，做顺腹式呼吸数次；舌顶上腭，至津液产生，舌在口中绞动九次，鼓漱三十六次；津液渐渐增多，将其分作三口，缓缓将其吞咽入腹，以意相随，送至丹田；如此反复二遍，共吞六口。

要求：舌抵上腭，不可过于用力，搅舌应柔缓均匀。

作用：此式可使全身气脉调匀。

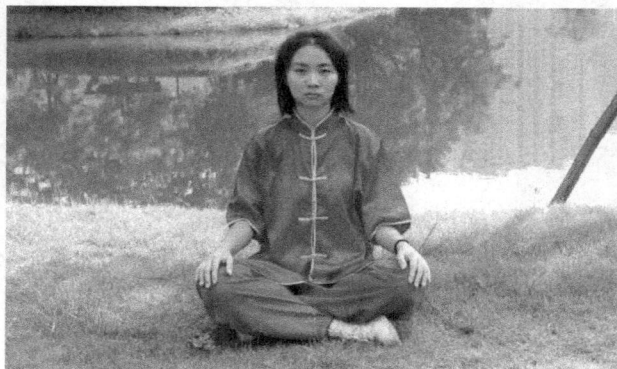

图2-60 盘腿静坐

第十二式 河车搬运

两手上下相叠，大拇指指尖相对，掌心空圆，轻合于小腹（图2-61）；意念存想于丹田，觉有温热感时，便引气循任督二脉循行；如此反复周行三次，收势（图2-62）。

要求：两手相叠，男左手在上，女右手在上，以意领气时应柔和自然。

作用：此式有通经畅气之功，除疾患之效。

图2-61 盘坐调身

图2-62 盘坐调气

第三节　易筋经

易筋经是我国古代传统养生术之一。它的风格朴实自然，练法上刚柔相济，象形寓意，其动作舒展，气势宏大。练习时以中功与动势相结合，使全身气息鼓荡，意力如一。作用在于强筋壮骨、疏通经络、增长气力、清除疾患，具有强身健体、防病治病的功效。

易筋经自元、明开始流传，历来被视为养身妙法秘技，尤其被传统武术作为基础内功加以重视。全套功法十二式，活动范围较大，包括托、按、旋、转、俯、仰等练法。

第一式　韦驮献杵

两脚自然分开同肩宽（图2-63），身体中正，各关节放松，不紧不僵；两臂由体侧上举同肩平（图2-64），再合抱于胸前，十指尖相对（图2-65）；同时缓缓吸气，用意将气送至丹田，掌与胸相距约三拳，两眼视手指相对处。

要求：两臂放松，不松不紧；抱球过程中，意想将自然精华之气抱于怀中，全身沉实而不虚浮。

作用：锻炼人的整体和谐性，对中枢神经系统有良好作用。

图2-63　两脚开立　　　　　　　　　图2-64　开立侧举

（a）开立指尖相对　　　　　　　（b）开立相对

图 2-65　开立相对

第二式　风摆荷叶

两脚十趾微微抓地，双臂外旋向左右分开，掌心向上，臂与肩平，目光平视前方（图 2-66～图 2-68），自然呼吸。

要求：两掌向左右分开时，意念中掌中如托两球，松腕、沉肩、松肘。

作用：此式可宽胸、理肺、舒展经脉。

图 2-66　开立托举　　　图 2-67　开立相对　　　图 2-68　开立平举

第三式　掌托天门

接上式，两掌由肩上内旋（图 2-69），同时轻轻吸气；再缓缓上托（图 2-70），轻轻呼气；两眼通过两掌之间遥视远方，再将目光缓缓收回。

要求：两掌上托时，脚趾微微抓地，不可耸肩。

作用：能促进血液循环，治肩背病痛。

图 2-69 开立托举

图 2-70 开立托顶

第四式 摘星换斗

身体缓缓侧转，左右臂上下旋动；右手掌心向内，托于头顶上方，左手掌心向外，贴于后腰命门（图 2-71 ～ 图 2-74）；目光随上手而动，定势时注视掌心；身体侧向，转向最大限度时，再反向回转（图 2-75、图 2-76）；如此反复做九次。

要求：旋身时脚不动，以足为跟，腰为轴转，以身带手，全身协调运动，神意内敛。

作用：可调理脾胃，并对关节炎、腰脚酸痛等有疗效。

图 2-71 开立换掌

图 2-72 开立换掌

图 2-73 开立换掌

图 2-74 开立左转　　　　图 2-75 开立左看　　　　图 2-76 开立右看

第五式　铁牛耕地

　　右脚向右侧迈一大步，身体向右拧转；右手收回腰间再向前穿掌，左手后按于胯侧（图 2-77、图 2-78），重心移至右脚；身体向左拧转，左手收回腰间再向前穿掌，右手后按于胯侧（图 2-79、图 2-80）。右手变拳，调匀呼吸，稍停片刻，目视左前方（图 2-81）；两拳变掌，两臂前平举，再向下按，还原成立正姿势（图 2-82 ～图 2-84）。

　　要求：前臂高与胸齐，后手下按于胯侧；定势时敛臀松腰。

　　作用：此式有壮筋壮骨之效，更能增长气力。

图 2-77 开立拉转　　　　图 2-78 弓步拧转

图 2-79 收步拉回

图 2-80 弓步拉转

图 2-81 弓步收回

图 2-82 开立平举

图 2-83 开立下按

图 2-84 并步调息

第六式　星垂平野

松静站立,调匀呼吸,两臂由下向上抬起并与胸平,掌心向上(图2-85);以鼻吸气,两掌变拳收握于腰间(图2-86、图2-87),目光下垂;再两拳变掌,缓缓向前推出(图2-88),缓缓吐气,目视前方;如此反复推手七次。

要求:收拳时如抓重物,推掌时意念逐渐放远;身体微微后坐,形成前后张力,完整一气。

作用:此式可以气贯梢节,除体内郁闷之气,同对贯通经络、对呼吸系统尤其有效。

图2-85　开立双托

图2-86　开立收拳

图2-87　开立握拳

图2-88　开立推掌

第七式　左顾右盼

　　身体左右拧转，右手屈臂抱于脑后，左手握拳贴于后腰（图2-89～图2-91）；定势时目视斜前方，调匀呼吸；换式时上下手臂划弧形（图2-92），左手随转身推握头部（图2-93、图2-94）；左右对称练习九次。

　　要求：上手掌心贴对玉枕，下手于转腰时助力；侧转时呼气，扶正时吸气。

　　作用：此式可锻炼全身肌肉协调能力，并清脑凝神。

图2-89　上下开立

图2-90　开立左顾

图2-91　开立左看

图2-92　上下开立

图2-93　开立右顾

图2-94　开立右看

第八式　三盘落地

　　两脚并步站立（图 2-95）右脚尖微外撇，左脚迈开一大步。两臂由侧向上抬起，再经体前下按于胯侧，大拇指对膝盖，身体下蹲，脚趾抓地（图 2-96），松正平稳，意想丹田，还原成两脚开立（图 2-97、图 2-98）。

　　要求：重心落于两脚，圆裆松胯，定势时稳如山岳。

　　作用：此式可增强下肢力量，实腹固肾。

图 2-95　并步站立

图 2-96　开脚马步

图 2-97　重心移动

图 2-98　开立站好

第九式 青龙探爪

两脚平行开立，松静站立，两臂由体侧向前上举，高与肩平，再变拳收握于腰间（图2-99～图2-101），缓缓吐气；右拳变掌，向左侧推出（图2-102），再回收经脑后落至腰间握拳（图2-103、图2-104），身体扶正；身体右转90°，左拳变掌，向右侧推出（图2-105），再回收经脑后落至腰间握拳（图2-106、图2-107）；左右对称推九次。

要求：呼吸与推掌协调一致，闭口养神，舌顶上腭。

作用：此式可增强人体灵活性，并开胸开肋。

图2-99 开立站好	图2-100 开立托拳	图2-101 开立握拳
图2-102 开立推掌	图2-103 开立收回	图2-104 开立握拳

图 2-105 开立推掌　　　　图 2-106 开立收回　　　　图 2-107 开立握拳

第十式　卧虎出林

　　左脚向左迈出一大步，两臂由体侧向上抬起，手心向上，两臂再由侧向前下按，掌心向下（图 2-108、图 2-109）；身体微左转，两掌变虎爪向前缓缓推出（图 2-110），定势时自然呼吸，目视前方，两臂分开由体侧向前平举，再下按还原（图 2-111～图 2-113），然后动作相同而方向相反做一次（图 2-114～图 2-118）；左右对称反复做九次。

　　要求：动作沉稳，模仿猛虎出林的气势，迈步、拧身、出掌连贯一致。

　　作用：此式可练骨练气，有洗髓固本之效。

图 2-108 开脚分掌　　　　图 2-109 开立托掌　　　　图 2-110 开立双推

图 2-111 弓步双推

图 2-112 开立托掌

图 2-113 并步调身

图 2-114 开脚双举

图 2-115 并步双托

图 2-116 弓步双推

图 2-117 开立托掌

图 2-118 并步调心

第十一式　打躬击鼓

两臂由体侧向上抬起（图 2-119），屈肘掌指交叉抱于脑后（图 2-120），深吸一口气，渐渐向前俯身，头尽量下低，俯身时吐气，头顶百会穴正对地面（图 2-121），定势时闭住呼吸片刻；缓缓起身直腰（图 2-122），同时深深吸气；如此反复三次。

要求：两肘要张平，不可垂肘，头低于两腿正中。

作用：此式可消脊背酸痛，改善脑血液循环，有健颅作用，对头痛、头晕有一定疗效。

图 2-119　开立双举

图 2-120　开立交叉

图 2-121　开立前俯

图 2-122　开立交叉

第十二式　明月大江

　　两臂由体侧向上举至头上方，同时深深吸气，两臂再往前下按，俯身按掌（图 2-123 ～图 2-125），头尽量下低，百会穴正对两掌中间（图 2-126），定势时闭息半分钟，再缓缓抬头，目视前方；身体缓缓直立（图 2-127），两臂由侧弧形上抬，同时深深吸气，如此反复按手三次；两手相叠置于小腹（图 2-128），闭目内视，意存丹田，收势（图 2-129）。

　　要求：俯身下按掌时，两腿伸直，膝关节不可弯曲，先抬头带动身体，再带动两臂。

　　作用：此式可强筋壮肾，使力气相合。

图 2-123　开立站立　　　图 2-124　开立双举　　　图 2-125　开立下按

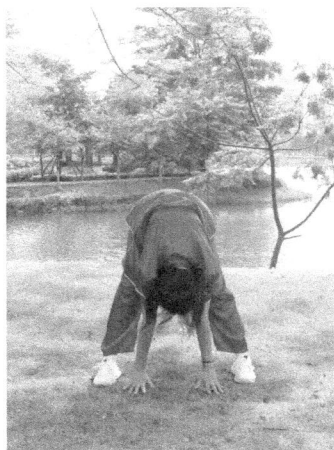

图 2-126　开立下摸　　　　图 2-127　并步调息

图 2-128 开立交叉   图 2-129 并步调身

参考文献

[1] 张选惠 . 自我修炼内功养生术 [M].北京：西苑出版社，1994.

[2] 全国体育学院教材委员会 . 内功养生学 [M].北京：人民体育出版社，1986.

第三章　段位制套路的『练』

第一节　陈式太极拳概述

一、陈式太极拳的来源

陈式太极拳源于河南温县陈家沟陈王廷。陈王廷（1600—1680 年），字奏庭。明末武庠生，清初文庠生。陈王廷自幼习文练武，承袭祖传武技。明崇祯十四年任温县"乡兵守备"，明亡后，隐居家乡。他借鉴明代著名军事武术家戚继光《纪效新书·拳经捷要》中的拳法和拳理，旁参《黄庭经》中的导引和吐纳方法，融太极哲理于攻防技法，创编出了太极拳的雏形拳系。他创编的拳法，今称陈式太极拳老架，其套路有太极拳（十三势）五路、长拳一百零八式一路、炮捶一路。

太极拳源自明朝山西人王宗岳。王宗岳著《太极拳论》。

太极拳作为武当正宗则崇奉元末明初道人张三丰。张三丰是否为太极拳的创始人，目前学术界仍有争论，但张三丰在武术气功方面对太极拳的影响恰如菩提达摩对少林拳的影响一样不可否认。张三丰气功著作较多，有《张三丰全集》《张三丰大道指要》《无根树词注释》《太极炼丹秘诀》等，这些书籍都和太极拳在气功修为的层次上相吻合。张三丰把《老子》中最高深的哲学理论运用到实际修炼功夫上面，为太极拳奠定了气功修为的基础，这是毋庸置疑的。

二、陈式太极拳的基本技法

1. 对人体静态技法的要求

陈式太极拳的基本身型是"上悬下沉、中节舒松"。要求做到"虚领顶劲、躯干正直、腰腹沉实、裆口圆活"（图 3-1）。

头顶上领，似有一绳悬住百会穴。身型端正，脊柱竖直，有挺拔之势。腰劲下贯，小腹充实，则力量充沛。开胯屈膝、裆口呈圆，腿部力量才能向上传递。

人体在这种上悬下沉的劲力作用下，被对拉拔长，肩、肘、腕、脊椎、髋、胯、踝等处都要撑开，胸腹部也随之宽舒，中节各部位就能灵活运转。

这种状态能使全身放松、节节贯穿、气贯于梢，增加肌肉的弹性与爆发力，使下桩沉稳，利于发劲。同时，构成螺旋的基准轴线，使百会穴至尾椎形成中轴，构成躯干自转、肢体公转的轴心。

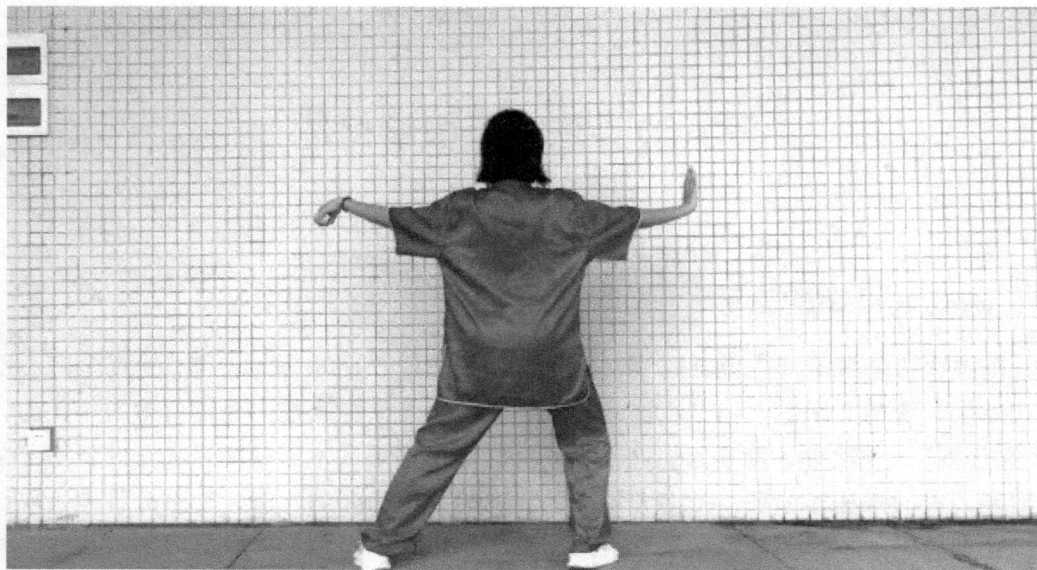

图 3-1　身体各部位姿势要领——单鞭

2. 对人体动态技法的要求

运动中追求中正、中平、适中的"中定"体态，以保证身体的稳定和中轴的旋转。

（1）中正：就是重心在"支撑面"内移动。此技法要求动步之初，先将身体重心移于支撑脚，形成单脚支撑的"支撑面"，然后移动脚尖并提离地面。在脚步移动过程中，要保持身体重心在"单脚支撑面"内，待移动脚落地后，形成新的两脚支撑面后，重心才向新的支撑面内移动。

（2）中平：就是重心平行移动。此技法要求移动时，始终保持身体的顶平、肩平、胯平、两脚平，形成陈式太极拳人体重心平行移动的特点。

（3）适中：要求移动时，要努力保持身体重心在支撑面内（距支撑面中心 1/3 ～ 1/2 区域内）活动。

运动时以腰为"轴"，以手足为"轮"。以腰转带动四肢运动，犹如轴转轮必转。既要上、下肢互动，同时其他部分也要互动，即"上下相随""两臂相系"。

3. 对整体运动技法的要求

陈式太极拳的动作节奏要求刚柔相济、快慢相间。就拳势来说，蓄劲动作要慢要柔，发劲动作要快，并在发劲动作达到终点的瞬间，通过加快动作速度产生出爆发力，从而体现出整套动作的节奏特色。

在陈式太极拳的训练中，一般要求先慢后快，然后快而复慢，最后能快能慢、随心所欲。

呼吸要舒缓柔圆，息细匀长。练习太极拳时，肢体移动速度要舒缓，运用柔韧顺达的劲力，使动作衔接、转换圆活连贯，一气呵成。与此同时，要采用腹式深呼吸法，将呼吸调得细微绵长，匀速出入。练习时要循序进行，按照劲力蓄发、呼吸吞吐、动作开合、快慢相间的原则自成节奏。

劲力主要是缠丝劲和弹抖劲。缠丝劲因动作的螺旋缠绕而发生，螺旋缠绕的轴和转动有两种：一种是以脊柱为轴的自转、公转；另一种是以臂、腿为轴的自转。弹抖劲要求突然爆发，力达梢端，一发即止。发劲时，一般采用腹式逆呼吸法，借气蓄力，以气催力。

适当的时候可以以声助力，如采用"哼、哈、咳"三种发音，用短促的一吸一呼完成。"哼"音，是用螺旋劲向上打；"哈"音，是用螺旋劲向前打；"咳"音，是用螺旋劲向下打。

在整体运动中，应以意主导，形息互引，丹田内转，以气导形。其中，以意主导是指要用意识控制呼吸（即息）、控制肢体（即形），调整呼吸并与动作有序配合。做到一方面以意领气、以气运身、气到力到，引起肢体动作；另一方面按照动作规范运转，呼吸配合、劲力蓄发，经长期练习即可获得意、气、劲、形的统一。盘架中要以意导形，虽要意守全身，但应以丹田运转为主，应遵循"内不动、外不发"，"腰不动、手不发"的原则，真正做到"意到气到、气到劲随、内外相合"，神、意、气、劲、形相统一。

第二节　陈式太极拳一段技术图解

https://www.bilibili.com/video/av59461839/

一、基本形态

（一）静态

1.手型

（1）拳：四指并拢，卷屈握拢，拇指扣压食指和中指的第二关节。拳包括拳心、拳背和拳面，拳心向下为平拳（图3-2）。

（2）瓦拢掌：手指自然伸直并拢。拇指与小指根相合，食指外张为瓦拢掌。

①立掌：坐腕，指尖向上（图3-3）。

②仰掌：手心向上或斜向上（图3-4）。

（3）勾：拇指、食指和中指的指尖捏拢，余指自然屈拢，虎口撑圆（图3-5）。

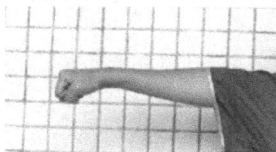

图3-2　平拳

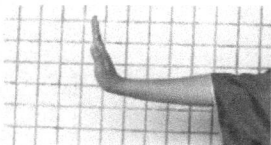 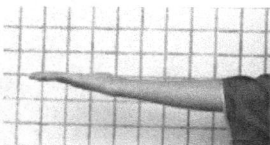 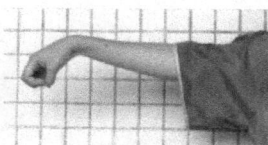

图3-3　立掌　　　　　图3-4　仰掌　　　　　图3-5　勾

2. 步型

（1）弓步：两脚前后站立，前腿屈膝前弓，膝盖不超过脚尖；后腿自然蹬伸，两脚尖斜向前方，重心偏于前腿（图3-6）。

（2）马步：两脚左右站立，脚尖向前，两腿微屈，重心在两脚中间（图3-7）。重心偏左为左偏马步（图3-8），偏右为右偏马步（图3-9）。

图3-6　弓步

图3-7　马步

图3-8　左偏马步

图3-9　右偏马步

（3）独立步：一腿微屈支撑，另一腿屈膝提起（图3-10）。

（4）歇步：两脚前后分开，两腿屈膝下蹲。前脚踏实，脚尖外展，后脚脚前掌着地（图3-11）。

（5）虚步：一腿屈膝支撑，另一腿脚尖向前虚点地面（图3-12）。

图3-10　独立步

图3-11　歇步

图3-12　虚步

3. 身型

百会上顶，目视前方，用鼻呼吸，舌顶上颚，双唇微闭，下颌微收。颈要竖直、松肩、含胸、拔背、收腹、开胯、敛臀、屈膝、松踝（图3-13）。

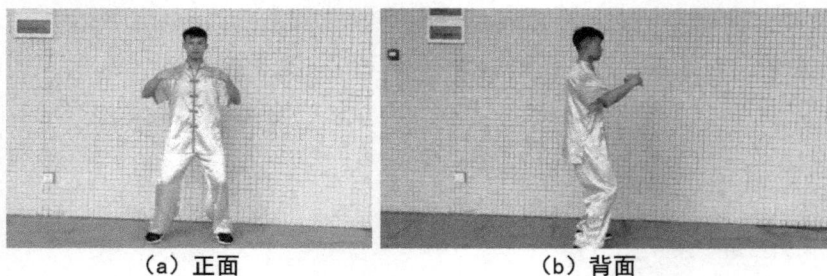

（a）正面　　　　　　　　　（b）背面

图3-13　太极桩

（二）动态

1. 直拳

拳自腰间向前打出，高不过肩，低不过胸，力达拳面（图3-14、图3-15）。

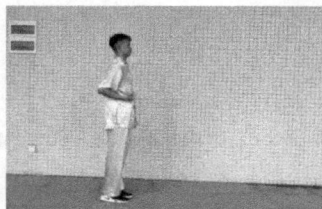

图3-14　双手握拳　　　　　　图3-15　右手冲拳

2. 掌法

（1）穿掌：一掌逆缠下按，另一掌以指尖为力点顺缠，经腰间向前或向上穿出（图3-16、图3-17）。

图3-16　弓步托掌　　　　　　图3-17　弓步穿掌

（2）推掌：掌由腰间向前推出（图3-18、图3-19）。

图 3-18　弓步托掌

图 3-19　弓步推掌

3.步法

（1）擦步：一腿支撑重心，另一腿屈膝提膝，以脚跟内侧着地擦出（图3-20、图3-21）。

图 3-20　屈腿提膝

图 3-21　左脚擦步

（2）上步：一腿屈膝提起向前上步，脚跟先着地，随着重心前移，全脚掌着地（图3-22～图3-25）。

图 3-22　右腿上步

图 3-23　重心前移

图 3-24 左腿上步   图 3-25 重心前移

（3）退步：前脚经后脚（支撑腿）内侧向后退一步，脚前掌着地，随重心后移，全脚掌着地（图 3-26 ～图 3-28）。

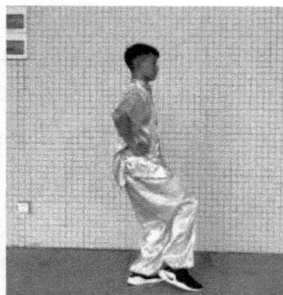

图 3-26 右脚点地   图 3-27 右脚退步   图 3-28 重心后移

二、单练套路

（一）动作名称

陈氏太极拳一般单练套路动作分为三部分，其各部分动作名称如下。

预备动作名称如下为并步直立。

第一小节有五个动作，其动作名称分别为：金刚起势、白蛇吐信（弓步穿掌）、右二肱（马步直拳）、金鸡独立（提膝右捋）、掩手肱捶（马步直拳）。

第二小节有斜行推掌（弓步推掌）、拗步（插步下捋）、抹眉肱（弓步推掌）、倒卷肱（马步后捋）、捣碓收势。

（二）动作图解

预备式：两脚并拢，身体自然直立（图 3-29）。

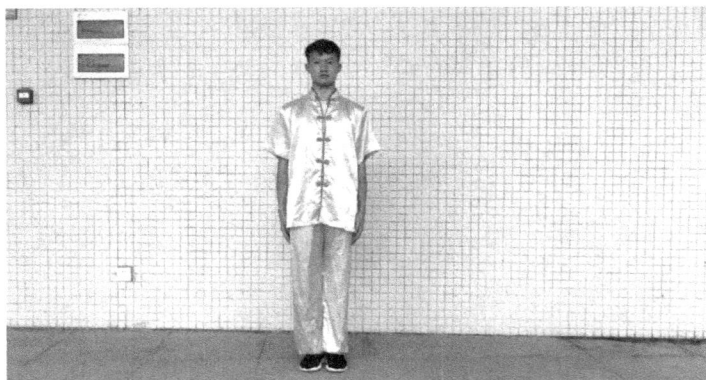

图 3-29 并步直立

1. 金刚起势

（1）左脚脚跟、脚尖依次提起向左迈出，脚尖、脚跟依次落地，两脚与肩同宽；重心落于两脚之间，上体自然直立；目视前方（图 3-30）。

（2）两手向上抬起，高与肩平，掌心向下（图 3-31）。

（3）两腿屈膝下蹲成马步，同时双手下按至两胯前，掌心向下（图 3-32）。

（4）身体微左转，右手顺缠，贴身体向左抬起至左胸前，掌心斜向左，掌指斜向前；左手逆缠向左前上方弧线抬起至左肩前，掌心斜向下，指尖向右前上方；目视左前方（图 3-33）。

（5）右手逆缠，左手顺缠向右划弧至胸前，两手掌心向右前方，指尖向左前方；目视左前方（图 3-34）。

（6）重心移至右腿，提左膝，同时身体微右转（图 3-35）。

（7）左脚脚跟内侧贴地向左擦出，两手微向右捋（图 3-36）。

动作要求：上步时，脚跟内侧擦地。

图 3-30 左脚开步　　图 3-31 两臂平举　　图 3-32 屈膝按掌

图 3-33　左转掤手图　　　　　图 3-34　右转平捋

图 3-35　提膝右捋　　　　　图 3-36　左脚擦步

2. 白蛇吐信

身体左转成左弓步，左手逆缠向左下方划弧至左胯旁，掌心向下，指尖向前；右手逆缠经腰间向前穿出，高与肩平，掌心向上，指尖向前；目视右前方（图 3-37）。

动作要点：穿掌时，身体要随手转动。

图 3-37　白蛇吐信

3. 右二肱

（1）重心微后移，身体右转成左偏马步；右手向下逆缠按至右胯旁，掌心向下，指尖向左前方；左手顺缠向上、向右划弧至左肩前，手与肩平，掌心向右；目视左手前方（图3-38）。

（2）重心移至左腿，随之右腿向前上步，脚跟着地，脚尖微翘起；上步时右掌变拳收至腰间，拳心向上（图3-39）。

（3）重心移向右腿，右腿前弓成右偏马步；同时右拳逆缠向前打出，拳与肩平，拳心向下，左手收贴于左腹前，掌心向内，指尖向右前方；目视右拳前方（图3-40）。

动作要点：右手直拳时，左手要与之相配合。

图3-38 转体右捋 　　图3-39 右脚上步

（a）正面 　　　　　（b）背面

图3-40 马步冲拳

4. 金鸡独立

重心移至左腿，右膝上提成独立步；左掌顺缠向前向上划弧于左肩前，掌心向右前方，指尖向前，右拳顺缠回收贴于右腰间，拳心向内，拳面向前；目视左手前方（图3-41）。

动作要点：独立时，脚尖勾起。

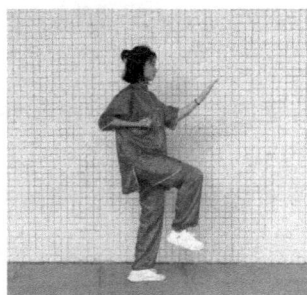

图 3-41　金鸡独立

5. 掩手肱捶

（1）右脚向前下方落步，脚跟着地（图 3-42）。

（2）重心移至右脚，左脚向前上一步，脚跟着地（图 3-43）。

（3）重心移至左脚，右脚向前上一步，脚跟着地（图 3-44）。

（4）右腿前弓，左腿向外撑膝成右偏马步；同时右拳贴左臂下方向前打出，拳与肩平，拳心向下，拳面向右；左手回收贴于左腹，掌心向内，指尖向右前方；目视右拳前方（图 3-45）。

动作要点：右手直拳时，左手要与之配合。

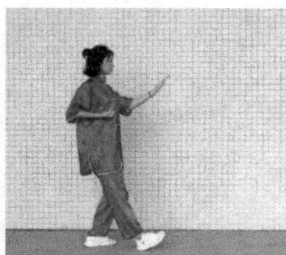  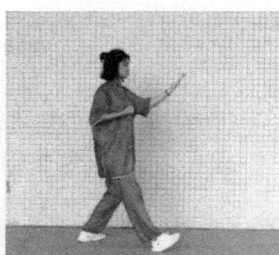

图 3-42　右脚落步　　　　图 3-43　左脚上步　　　　图 3-44　右脚上步

（a）背面　　　　　　　　　　　　（b）正面

图 3-45　马步冲拳

6. 斜行推掌

（1）右脚收于左脚内侧，脚尖向前；同时右手微逆缠，拳心向上；目视左手前方（图3-46）。

（2）重心移至右脚，左脚向左前方擦出，右手按至右胯旁，左手顺缠向前、向左划弧至左肩前，掌心向右前方，指尖向左前方；目视左前方（图3-47）。

（3）右腿伸膝成左弓步；左手逆缠向下、向左经膝前划弧，掌心向下，指尖向前；同时右手顺缠至右耳旁（图3-48）。

（4）左手变勾手逆缠抬起，与肩同高；右手逆缠向前推出，手与肩高，掌心向前，指尖向上；目视右手前方（图3-49）。

动作要点：搂膝时，身体应斜中求正。

图3-46 右脚回收

图3-47 擦步右捋

图3-48 弓步搂膝

图3-49 弓步推掌

7. 拗步

左脚经右脚内侧向后退半步成左插步；同时右手弧形下按于右胯旁，掌心向下，指尖向前；左手勾变掌，顺缠向右捋至左肩前，掌心向右前方，指尖向左前方；目视左手前方（图3-50）。

动作要点：拗步时，两腿要交叉，两大腿贴住。

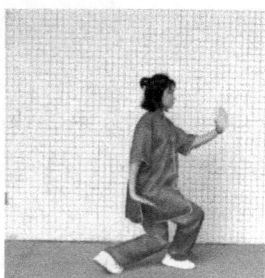

图 3-50　拗步

8. 抹眉肱

（1）重心移至右脚，左脚收至右脚内侧，再以脚跟内侧贴地向前擦出；同时右掌划弧至右胸前（图 3-51）。

（2）重心左移，身体左转成左弓步；左手逆缠向左下方划弧至左胯旁，掌心向下，指尖向前；右手向前推出，高与肩平，掌心向前，指尖向上；目视右手前方（图 3-52）。

动作要点：推掌时，力达掌心。

图 3-51　左脚擦步　　　　图 3-52　弓步推掌

9. 倒卷肱

（1）右手从下向上划弧至耳旁，同时左手自然向前伸出，手心向上（图 3-53）。

（2）重心移至右腿，左脚经右脚内侧向后退一步；同时右手向前推出，左手下捋至左胯旁（图 3-54）。

（3）左手从下向上划弧至耳旁；同时右手掌心由向前变为向上（图 3-55）。

（4）重心移至左腿，右脚后退一步，松塌裆劲成左偏马步；同时右手逆缠弧形下捋至右胯旁，掌心向下，指尖向左前方；左手顺缠向前、向上、再向右划弧至左肩前，掌心向右前方，指尖向左前方；视左前方（图3-56）。

如上重复一次。

动作要点：倒卷肱是撤步将法，边撤边将。

图 3-53　托掌开右耳

图 3-54　退步左将

图 3-55　托掌开左耳

图 3-56　退步右将

10. 捣碓收势

（1）右手顺缠，左手逆缠，两手合于胸前，右手掌心向上，指尖向前；左手掌心向右下方，指尖向右上方；同时头向右偏，目视右前方（图3-57）。

（2）重心右移，右腿前弓成右弓步；同时右手逆缠向右出至右肩前，掌心向右前方，指尖向左前上方；左手逆缠向下按于左胯旁，掌心向下，指尖向前；目视右手前方（图3-58）。

（3）重心左移至左腿，右脚经左脚内侧向前点地成右虚步；同时右手顺缠，向下、向前转至胸前，右掌心斜向上左，指尖斜向前；左手逆缠内转划弧至右小臂内侧左掌心斜向右，指尖斜向上；目视前方（图3-59）。

（4）右腿屈膝提起，脚尖微翘起成左独立步；同时右掌变拳，曲臂上举同鼻高，拳心向内，拳面向左上方，左掌顺缠落至腹前，掌心向上，指尖向右；目视右拳上方（图3-60）。

（5）左腿屈膝向下塌劲，右脚向下震落，两脚距离略与肩同宽；同时右拳下砸落于左掌心内，拳心向上，拳面向左；左掌微向上迎击右拳；两眼平视（图3-61）。

（6）重心移至两脚中间，右拳变掌与左手一起上托至胸前，两手腕交叉相搭成十字手，两掌掌心向上，右手指尖向左前方，左手指尖向右前方（图 3-62）。

（7）两手逆缠下落，掌心向下，然后两腿慢慢伸直成开立步，同时两手下按于体侧；两眼平视（图 3-63）。

（8）左脚提起与右脚并拢（图 3-64）。

动作要点：震脚、砸拳、沉气同时完成。

图 3-57　弓步合璧　　　　图 3-58　弓步开臂　　　　图 3-59　虚步撩掌

图 3-60　提膝勾拳　　　　图 3-61　震腿砸拳　　　　图 3-62　合手上托

图 3-63　起身按掌　　　　图 3-64　并步直立

三、对打套路

（一）动作名称

陈氏太极拳一段对打套路动作名称如下。

预备动作名称为并步直立。

甲有六个动作，其动作名称分别为：金刚起势、白蛇吐信、右二肱、金鸡独立、掩手肱捶、捣碓收势。

乙有六个动作，其动作名称分别为：金刚起势、斜行推掌、拗步、抹眉肱、倒卷肱、捣碓收势。

（二）动作图解

预备式：甲、乙间隔两步，并步直立，目视前方（图 3-65）。

动作要点：甲、乙双方要头正身直、目视前方。

图 3-65　甲、乙并步直立

1. 甲、乙金刚起势

（1）甲后撤一步，乙向后转身（图 3-66）。

（2）甲、乙左脚开步，与肩同宽，重心落于两脚之间，上体自然直立；目视前方（图 3-67）。

（3）甲、乙两手以大拇指为力点，逆缠向前、向上抬起，与肩同高、同宽，掌心向下，掌指向前；目视前方（图 3-68）。

（4）甲、乙两腿屈膝下蹲成马步；同时双手下按至腹前，掌心向下，掌指向前；目视前方（图 3-69）。

（5）甲、乙身体微左转，右手顺缠，左手逆缠，转至左侧前方，掌心斜向左，掌指斜向前；目视左前方（图 3-70）。

（6）甲、乙身体右转，右腿弓膝塌劲，身体重心移至右腿，左腿提起，脚尖自然勾起；同时右手逆缠，左手顺缠，向右划弧至胸前，掌心斜向前，指尖斜向左前方；甲乙目视对方（图3-71）。

（7）甲、乙左脚跟内侧贴地向左前方擦出，同时两手向前推按；甲、乙目视对方（图3-72）。

动作要点：甲、乙逆缠起手，按掌后，左逆右顺，转至肩高，再变为左顺右逆。

图3-66 甲撤步、乙转身

图3-67 甲、乙左脚开步

图3-68 甲、乙两臂平举

图3-69 甲、乙屈膝按掌

图3-70 甲、乙左转掤按

图3-71 甲、乙提膝平捋

图3-72 甲、乙擦步按掌

2. 甲白蛇吐信、乙斜行推掌

（1）乙身体微左转，左腿屈膝前弓；左手逆缠，右手顺缠，同时向前挤按。甲身体微右转，接着向左转身，左腿屈膝前弓；同时右手顺缠，收至腰间，以指尖为力点，向前穿乙喉部，掌心向上，左手逆缠划弧转至左胯侧，掌心向下，掌指向前。甲、乙目视对方（图3-73）。

（2）甲身法不变，右掌继续前穿。乙身体微右转，同时左手内旋，扶按至甲右臂外侧，顺缠向右将转，右手逆缠转至右侧，掌心向下。甲、乙目视对方（图3-74）。

（3）乙身体左转，左腿屈膝前弓，左手逆缠向左搂转甲右手，随之变勾手至左侧前方，右手向前推按甲胸部，掌心向前，掌指向上。甲身体右转，右手逆缠收至右胯侧，左手顺缠向上转至乙右臂外侧，随之变顺缠向右将转。甲、乙目视对方（图3-75）。

动作要点：甲穿掌以腰腿发力，先顺缠收至腰间，再向前穿出，力达指间。

图3-73 乙弓步挤按、甲弓步穿掌　　图3-74 甲弓步穿掌、乙马步右将

图3-75 乙弓步推掌、甲转身右将

3.甲右二肱、乙拗步右将

甲左手逆缠下按乙右腕，随之右手顺缠握拳转至腰间；身体左转，右脚向前上步，屈膝前弓，右拳逆缠向乙面部打出，掌心向下。乙身体右转，提左脚向右脚后侧插步，左手向上转至甲右臂外侧，顺向右转，右手落至右旁（图3-76）。

动作要点：甲顺步直拳击打对方面部，乙顺甲劲向右后扭转。

4.甲金鸡独立、乙抹眉肱

乙左脚向前上步，左手逆缠向下探按甲右拳；随之左膝前弓，右手向甲胸部推按，掌心向前，掌指向上。甲右拳顺缠回收于腰间，掌心向上；随之重心移至左腿，右腿提起，左手向右转乙右臂。甲、乙目视对方（图3-77）。

动作要点：甲左捋时左肘要内收。

图 3-76　甲右二肱、乙拗步右捋

图 3-77　甲金鸡独立、乙抹眉肱

5.甲掩手肱捶、乙倒卷肱

（1）甲身法不变，右脚向前上步，右手向前推按。同时乙身体微左转，重心后移至右腿，左脚撤步，右手前掤（图3-78）。

（2）甲左腿屈膝前弓，提起右脚向前上步，屈膝前弓；左手逆缠向下探按乙右腕，右拳逆缠向乙胸部打出，拳心向下。乙提起右脚向后撤步，左手向前转至甲右臂外侧，随之顺缠向右转，右手落至右侧。甲、乙目视对方（图3-79）。

动作要点：甲右拳逆缠打出，乙退步顺缠引化。

图 3-78　甲落步推按、乙撤步前掤

图 3-79　甲弓步冲拳、乙马步右捋

6.甲、乙捣碓收势

（1）甲右脚后撤，乙右脚上步，随之屈膝前弓；同时右手逆缠向右上方掤出，掌心向右，指尖向前，左手逆缠按于左胯旁；甲、乙目视右手（图3-80）。

（2）甲、乙身体重心移至左腿，提起右脚向前上步成右虚步；同时右手顺缠向下、向前划弧转至胸前，掌心斜向上左，指尖斜向前上；左手顺缠内转划弧至右小臂内侧，掌心向下；甲、乙目视前方（图3-81）。

（3）甲、乙身法不变，右腿屈膝提起，脚尖自然勾起，左腿自然直立成独立势。同时右手握拳，屈臂向上至肩前，拳心向内，拳面向上；左掌顺缠落至腹前，掌心向上，指尖向右；甲、乙目视前方（图 3-82）。

（4）甲、乙身法不变，左腿屈膝下蹲，右脚向下震落，两脚与肩同宽；同时右拳顺缠向下砸落于左掌心内，举心向上，左掌微向上迎击右；甲、乙目视前方（图 3-83）。

（5）甲、乙身法不变，同时右拳变掌与左手交叉上托至胸前，掌心向上，掌指斜向前（图 3-84）。

（6）甲、乙两手逆缠，掌心下翻，掌指向前（图 3-85）。

（7）甲、乙两掌慢慢下落至体侧，两腿慢慢伸直成开立步（图 3-86）。

（8）甲、乙提起左脚并于右脚内侧（图 3-87）。

动作要点：震脚砸拳时，左右腿要同时屈膝下蹲。

图 3-80　甲、乙活步开臂

图 3-81　甲、乙虚步合臂

图 3-82　甲、乙提膝握拳

图 3-83　甲、乙震脚砸拳

图 3-84　甲、乙合手上托

图 3-85　甲、乙起身按掌

图 3-86　甲、乙开步直立　　　　　　图 3-87　甲、乙并步直立

四、拆招

1. 金刚起势拆招

（1）甲、乙相对并步直立（图 3-88）。

（2）乙提起右脚向前上步，以右拳向甲胸部打出（图 3-89）。

（3）甲左脚后撤一步，抬起右手接乙右手腕外侧，顺势右捋；左手向前扶按乙右肘外侧右捋（图 3-90）。

（4）甲左脚提起（图 3-91）。

（5）甲左脚向乙右膝蹬出（图 3-92）。

图 3-88　甲、乙并步直立　　　　　　图 3-89　乙上步冲拳

图 3-90　甲撤步右捋　　　图 3-91　甲右捋提膝　　　图 3-92　甲顺势蹬腿

2. 白蛇吐信拆招

（1）甲、乙相对并步直立（图3-93）。

（2）乙进右步，以右拳向甲胸部击出（图3-94）。

（3）甲右脚后撤，身体稍右转，左手向前抬起贴于乙右手腕外侧（图3-95）。

（4）甲左脚上步，落在乙右脚外侧；左手向下捋乙右手，右手经腰间向乙面部穿出（图3-96）。

图3-93 甲、乙并步直立

图3-94 乙上步冲拳

图3-95 甲撤步接手

图3-96 甲弓步穿掌

3. 右二肱拆招

（1）甲、乙相对并步直立（图3-97）。

（2）乙进左步，以右拳向甲胸部击出（图3-98）。

（3）甲右脚退步，左手向前抬起贴于乙右肘外侧（图3-99）。

（4）甲左手向下捋乙右手，随之右脚向前上步，落在乙左脚内侧，同时右拳经腰间向乙面部打出（图3-100）。

图 3-97 甲、乙并步直立

图 3-98 乙上步冲拳

图 3-99 甲撤步接手

图 3-100 甲弓步冲拳

4.金鸡独立拆招

（1）甲、乙相对并步直立（图 3-101）。

（2）乙进右步，以右拳向甲胸部击出（图 3-102）。

（3）甲左手按在乙右手腕上侧，向右下方捋按；右膝顶击乙胸部，右拳勾击乙下颌（图 3-103）。

图 3-101 甲、乙并步直立

图 3-102 乙上步冲拳

图 3-103 甲捋按提膝

5.掩手肱捶拆招

（1）甲、乙相对并步直立（图 3-104）。

（2）乙进左步，以右拳向甲胸部击出（图 3-105）。

（3）甲右脚向后退一步，同时左手向前抬起贴于乙右肘外侧（图 3-106）。

（4）甲左肘内收，向下捋乙右手，右拳经腰间向乙胸部打出（图3-107）。

图3-104　甲、乙并步直立

图3-105　乙上步冲拳

图3-106　甲后退接手

图3-107　甲弓步冲拳

6.斜行推掌拆招

（1）甲、乙相对并步直立（图3-108）。

（2）乙进右步，以右拳向甲胸部击出（图3-109）。

（3）甲右脚后撤，身体稍右转；右手屈臂抬起，掌背贴于乙右拳外侧，反拿乙右腕；左手向前抬起至乙右肘外侧；双手于合力向右捋乙右臂（图3-110）。

（4）乙松肩、沉肘，甲顺乙势，身体左转，左手成勾手向前下将乙挤出（图3-111）。

图3-108　甲、乙并步直立

图3-109　乙上步冲拳

图 3-110　甲撤步右将　　　　　　　图 3-111　甲顺势挤按

7. 抹眉肱拆招

（1）甲、乙相对并步直立（图 3-112）。

（2）乙进右步，以右拳向甲胸部击出（图 3-113）。

（3）甲右脚后撤，身体稍右转左手向前抬起贴于乙右腕外侧（图 3-114）。

（4）甲左手向下将乙右手，右手经腰间向乙面部推出（图 3-115）。

图 3-112　甲、乙并步直立　　　　　图 3-113　乙上步冲拳

图 3-114　甲撤步格挡　　　　　　　图 3-115　甲弓步推掌

8. 倒卷肱拆招

（1）甲、乙相对并步直立（图 3-116）。

（2）乙进右步，以右拳向甲胸部击出（图 3-117）。

（3）甲身体右转，右脚向后退一步；左手向前抬起贴于乙右外侧（图 3-118）。

（4）乙上左步，用左拳向甲胸部击出；甲左脚退步，身体左转，右手向前起贴于乙右腕外侧（图 3–119）。

图 3-116　甲、乙并步直立

图 3-117　乙上步冲拳

图 3-118　甲撤步格挡

图 3-119　甲撤步后捋

9. 捣碓收势拆招

（1）甲、乙相对并步直立（图 3–120）。

（2）乙左脚上步，右手向前欲抓甲右手腕，甲右手上抬阻挡乙手（图 3–121）。

（3）甲右脚后撤，左手向前经乙右臂下侧向上绕至乙右手背上侧，随势按住乙右手腕（图 3–122）。

（4）甲右手顺缠拿压乙右手腕（图 3–123）。

图 3-120　甲、乙并步直立

图 3-121　甲右手上抬、乙上步抓腕

图 3-122　甲抱缠乙腕

图 3-123　甲拿压乙腕

第三节　陈式太极拳二段技术图解

https://www.bilibili.com/video/av59461839/

一、基本形态

（一）静态

步型——仆步

一腿全蹲，大腿和小腿靠紧，臀部接近小腿，全脚掌着地，膝与脚尖稍外展；另一腿平仆接近地面，全脚掌着地，脚尖内扣（图 3-124）。

图 3-124　仆步

（二）动态

1. 手法

（1）栽拳：将拳举自耳旁向前下打出，拳面斜向下，拳心向内，臂自然伸直，力达拳面（图3-125、图3-126）。

图 3-125　仆步格挡　　　　　　　图 3-126　弓步栽拳

（2）云手：两掌经体前上下前后交替划弧（图3-127、图3-128）。

图 3-127　并步掤手　　　　　　　图 3-128　开步右捋

（3）架掌：手臂逆缠自下向前上架至头侧上方，臂呈弧形，掌心向外，手高过头（图3-129、图3-130）。

图 3-129　抬手　　　　　　　　　图 3-130　架掌

2. 步法

（1）插步：一腿支撑，另一腿经支撑脚后向侧后方落步（图3-131、图3-132）。

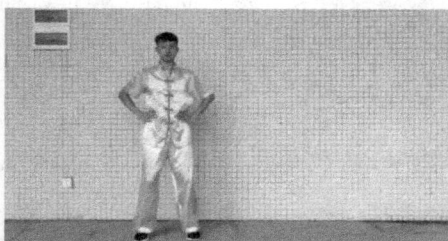

图3-131　并步站立

图3-132　右脚插步

（2）摆步：一腿支撑，另一腿屈膝提起，小腿顺缠，脚跟先着地，脚尖外摆，随之全脚掌着地（图3-133、图3-134）。

图3-133　右腿提膝

图3-134　右腿摆步

（3）扣步：一腿支撑，另一腿经支撑腿向前侧方落步（图3-135、图3-136）。

图3-135　左腿提膝

图3-136　左腿扣步

3. 腿法

（1）摆莲脚：支撑腿微屈站立，另一腿从一侧起经面前向另一侧做扇形摆动，脚面展平，两手在面前依次迎拍脚面（图3-137～图3-139）。

图 3-137 右腿提膝　　　图 3-138 右腿外摆　　　图 3-139 独立定势

（2）蹬腿：支撑腿微屈站立，另一腿屈膝提起，然后脚向前蹬出，腿伸直，脚尖上勾（图 3-140、图 3-141）。

图 3-140 左腿提膝　　　　　　图 3-141 左脚蹬出

（3）二起脚：一腿上提，另一腿随即上摆，脚面展平，同侧手迎拍脚面（图 3-142～图 3-144）。

图 3-142 预备　　　图 3-143 左腿提膝　　　图 3-144 右掌拍脚

二、单练套路

（一）动作名称

陈氏太极拳二段单练套路动作分为三部分，其各部分动作名称如下。

预备式动作名称为并步直立。

第一节有六个动作，其动作名称分别为金刚起势、云手（插步右捋）、雀地龙（仆

步开臂）、转身献果（提膝鞭拳）、劈身捶（马步格挡）、击地捶（跪步直举、转身将
马步右将）。

第二节有七个动作，其动作名称分别为抹眉肱（马步推掌）、转身摆莲（摆腿左
将）、蹬腿（蹬腿分掌）、掩手肱捶（弓步直拳）、右二起脚（腾空飞脚）、玉女穿梭
（跳步后将），捣碓收势。

（二）动作图解

预备式：两脚并拢，自然直立（图 3-145）。

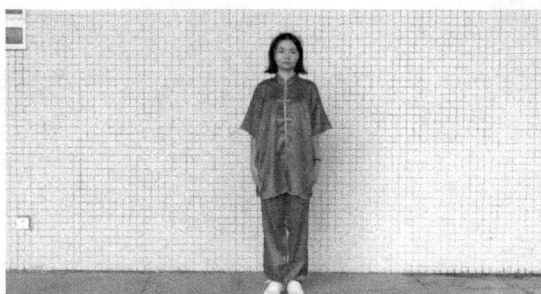

图 3-145　并步直立

1. 金刚起势

同一段单练套路（图 3-146～图 3-152）。

图 3-146　左脚开步

图 3-147　两臂平举

图 3-148　屈膝按掌

图 3-149　左转掤手

图 3-150　右转平捋　　　　图 3-151　提膝右捋　　　　图 3-152　左脚擦步

2. 云手

（1）身体转成左弓步，右手顺缠，贴身体向左抬起至左胸前，掌心向左前方，指尖斜向前上方；左手逆缠，向左前上方弧形抬起至左肩前，掌心斜向下，指尖向右前方；目视左前方（图 3-153）。

（2）身体右转成右偏马步；右手向右划弧至右肩前，左手向左划弧至左肩前（图 3-154）；目视左前方。

（3）右脚向左后方插步，前脚掌着地；右手顺缠向下、向左划弧至左腹前；左手向上向左划弧至左胸前；目视左手（图 3-155）。

（4）左脚向左前方擦步；右手逆缠向上、向右划弧至右肩前；左手顺缠向下、向右划弧至胸腹前；目视左前方（图 3-156）。

动作要点：步法、手法配合要协调。

图 3-153　弓步左掤　　　　　　　　　图 3-154　马步右捋

图 3-155　插步采挒　　　　　　　　　图 3-156　擦步右捋

3. 雀地龙

（1）身体右转，左脚内扣成右弓步；右掌变拳顺缠，拳心向内，拳面向上；左掌变拳顺缠向右合于右拳外侧，拳心向右，拳面向前；目视左手前方（图3-157）。

（2）身体左转成左仆步，同时左手向上向左划弧至左肩斜上方；右拳向左向下再向前穿出至右膝上方，拳心斜向上；目视右手前方（图3-158）。

动作要点：仆步与开臂同时完成。

图 3-157　弓步合拳　　　　　　　图 3-158　仆步开臂

4. 转身献果

（1）右脚盖步，右拳收于右胸前；目视两拳（图3-159）。

（2）右脚尖内扣，身体左转，右腿伸直站立，左腿屈膝提起，脚尖勾起；同时右拳下落于右腰间，拳心向上；左拳向左划弧至左肩前，拳与肩高；目视左拳前方（图3-160）。

动作要点：转身拥拳时，力达小臂外侧。

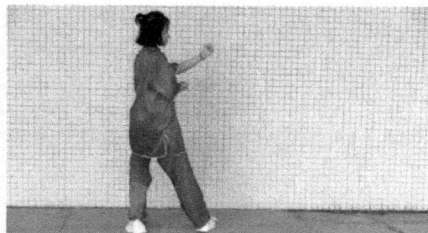

图 3-159　转身上步　　　　　　　图 3-160　提膝摆拳

5. 劈身捶

（1）左脚退步，身体左转成右偏马步；同时左拳顺缠收于左腰间，拳心向上；右拳顺缠向前、向上再向左划弧至右肩前，拳心斜向上；目视右拳前方（图3-161）。

（2）右脚退步，身体右转成左偏马步；同时右拳收于右腰间，拳心向上；左拳向前、向上再向右划弧至左肩前，拳心斜向上；目视左前方（图 3-162）。

动作要点：格挡时，肘要内收。

　　　　　　　　　　　　　　　　　（a）　正面　　　　　　　（b）　背面

　　图 3-161　左撤步格挡　　　　　　　　　图 3-162　右撤步格挡

6. 击地捶

（1）左脚退步成插步，同时左拳下捋至腹前，拳心向上，拳面向前；目视左手（图 3-163）。

（2）右脚退步成跪步；同时左手向左前上方转出，至左额前，拳心斜向左前上方；右拳向上经耳侧向斜前下方打出，拳心斜向下；目视前下方（图 3-164）。

动作要点：力达拳面，向斜前下方打出。

　　图 3-163　插步下捋　　　　　　　　　图 3-164　退步栽拳

7. 转身捋

重心右移成右偏马步；同时右拳变掌向右划弧至右肩前，掌心向前下方，指尖向左；左拳变掌向右下方划弧至左肩左前方，掌心向前，指尖向左；目视左前方（图 3-165）。

动作要点：左臂屈肘顺缠向内滚转。

图 3-165　马步右捋

8. 抹眉肱

（1）身体微右转，步法不变；两手顺缠合于胸前，右掌在下，右手掌心向左前方，指尖向右前方；左手掌心向下，指尖向右；目视右侧（图 3-166）。

（2）右手逆缠向右推出，掌心向右，指尖向上；同时左手回拉于左胸前，掌心向内，指尖向右；目视右手前方（图 3-167）。

图 3-166　身合掌

图 3-167　马步推掌

9. 转身摆莲

（1）重心移至左脚，右脚提起再向前落脚，脚尖外展；同时右手左捋，左手贴于右肘内侧；目视右手前方（图 3-168）。

（2）右腿伸直向前、向右摆动，脚尖内勾，脚面绷平；两手同时向左捋，当右脚摆至面前时，两手迎拍右脚面，发力击响；目视右脚（图 3-169）。

动作要点：摆腿要做弧线运动，两手要依次拍击脚面。

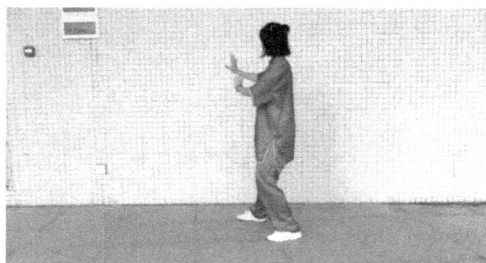

图 3-168 身右捋

图 3-169 摆腿左捋

10. 蹬腿

（1）右脚下落，右手拍脚后停于右肩前方；左手内合，掌心贴于右肘内侧，指尖向上；目视右手前方（图 3-170）。

（2）两手型不变，右腿伸膝独立，左膝提起（图 3-171）。

（3）左脚向前蹬出，同时右手向上架掌于右额上方，左掌向前推出；目视左手上方（图 3-172）。

动作要点：蹬脚、推掌同时向前发力。

图 3-170 落步合掌

图 3-171 合掌提膝

图 3-172 蹬脚分掌

11. 掩手肱捶

（1）左脚向左前方下落，右掌变拳收至右腰间，左手掌心翻向上；右膝伸展成左弓步，右拳经左掌上方向右前方打出，拳心向下；左手回收，掌心贴于左胸前；目视右手前方（图 3-173）。

（2）右脚经左脚内侧向右前方上步，右拳变掌向左划弧至右胸前；左掌变拳在原位置顺缠，拳心向上；然后右膝前弓成右弓步，左拳经右掌上方向左前方打出，右手逆缠回收，掌心贴于腹前；目视左手前方（图 3-174）。

动作要点：拳与胸同高，力达拳面。

图 3-173　左弓步冲拳

图 3-174　右弓步冲拳

12. 右二起脚

重心移至右腿，左膝上提，脚尖自然勾起，同时右手向前挑起至右肩前；左拳变掌弧形向下再向左抬起，目视右手前方；右脚蹬地发力迅速向前上方弹起，脚面绷平，同时左膝下压，两脚腾空，上体微前倾；右脚弹至最高点时，右手迎拍右脚面；目视右脚（图 3-175）。

动作要点：双脚腾空并拍击脚面。

图 3-175　右二起脚

13. 玉女穿梭

（1）左脚原地下落，右脚向前下方落步；同时左手收于左胸前，然后向前出，右手上架于右上侧；目视左手前方（图 3-176）。

（2）重心移至右脚，身体右转，左脚向前鞭起，右脚蹬地跃起；然后，身转，左脚落地，右脚向左后方插步，脚前掌着地；目视左手前方（图 3-177）。

动作要点：跃步推掌，要协调一致。

图 3-176　跃步推掌

图 3-177　转身插步

14. 捣碓收势

同一段单练套路（图 3-178 ～图 3-184）。

图 3-178　弓步合璧

图 3-179　虚步撩掌

图 3-180　提膝勾拳

图 3-181　震腿砸拳

图 3-182　合手上托

图 3-183　起身按掌

图 3-184　并步直立

三、对打套路

（一）动作名称

陈氏太极拳二段对打套路动作名称如下。

预备式动作各名称为并步直立。

甲有八个动作，其动作名称分别为金刚起势、云手、雀地龙、转身献果、劈身捶、击地捶、转身将、捣碓收势。

乙有八个动作，其动作名称分别为金刚起势、抹眉肱、转身摆莲、蹬腿、掩手肱捶、右二起脚、玉女穿梭，捣碓收势。

（二）动作图解

预备式：甲、乙间隔两步，并步直立（图3-185）。

动作要点：甲、乙双方头身要直、目视前方。

图3-185　甲、乙并步直立

1. 甲、乙金刚起势

同一段对练套路（图3-186～图3-192）。

图3-186　甲撤步、乙转身

图3-187　甲、乙左脚开步

图 3-188　甲、乙两臂平举

图 3-189　甲、乙屈膝按掌

图 3-190　甲、乙左转掤按

图 3-191　甲、乙提膝右将

图 3-192　甲、乙左脚擦步

2. 甲云手，乙抹眉肱

（1）甲身体微左转，左腿屈膝前弓；左手逆缠，右手顺缠，同时向前挤按。乙身体左转，重心移至左腿，提起右脚向前上步，屈膝前弓；同时右手顺缠收至腰间，再向甲胸面推出，掌心向上，掌指向前，左手逆缠下按至左胯旁。甲、乙目视对方（图 3-193）。

（2）乙身法不变，动作不变。甲身体右转，右脚向后插步；右手向上掤接，逆缠握住乙右腕外侧，左手扶按在左肘外侧（图 3-194）。

（3）甲身体右转，左腿向左后方扫转，同时右手右将、左手顺缠右将。乙右腿迅速提起（图 3-195）。

（4）甲继续右将。乙身法不变，右脚向前上步屈膝前弓。甲、乙目视对方

（图 3-196）。

动作要点：甲左腿后扫时要与双手右捋协调一致。

图 3-193　甲弓步前挤、乙上步推掌　　　图 3-194　甲右脚插步、乙随势转化

图 3-195　甲撤步后扫、乙提膝躲闪　　　图 3-196　甲弓步右捋、乙右腿落步

3. 乙转身摆莲、甲雀地龙

（1）乙身体右转，提起左脚向前上步，脚尖内扣。甲继续向前捋转（图 3-197）。

（2）乙身体重心移至左腿，右腿屈膝提起，右手逆缠反拿甲右腕，向右引捋。甲身法不变，右手掤随乙右手，左手变拳向前转至乙右手腕下侧（图 3-198）。

（3）乙身体微右转，右腿向上击甲头部。甲右手逆缠，架开乙右臂，左腿下蹲成仆步；左手逆缠向前击出，拳心向前。甲、乙目视对方（图 3-199）。

动作要点：乙摆腿时，甲身体下沉，两拳弹抖发力，化打结合。

图 3-197　乙上步转掤、甲随势转化步架掤　　　图 3-198　乙提膝右捋、甲弓步架掤

图 3-199 乙摆腿击头、甲仆步闪躲

4. 乙蹬腿、甲转身献果

（1）乙身法不变，右脚下落。甲身体左转 180°，提起右脚向前上步，脚尖内扣；同时左拳收至腹前，右拳随身体鞭动转至前方，臂微屈，拳心向左（图 3-200）。

（2）乙身体右转，重心移至右腿，左腿屈膝提起，向甲蹬出；右掌上架，左掌向甲推出。甲身体左转，左腿迅速提起，向外格挡开乙蹬腿；左拳逆缠向前转出格挡乙左手，右手收于腰间。甲、乙目视对方（图 3-201）。

动作要点：甲提膝格挡要有向左捋转、引化的劲力。

图 3-200 乙落步架掌、甲上步转身　　图 3-201 乙上架蹬腿、甲提膝格挡

5. 乙掩手肱捶、甲劈身捶

（1）乙身体微左转，左脚向前落步，屈膝前弓；右掌变拳顺缠下转至腰间，向甲胸部打出，拳心向下，左手握拳顺缠转至腰间。甲身体左转，左脚向后落步；右拳向前转至乙右臂内侧，顺缠屈肘向右格挡，左拳逆缠转至左胯侧，拳心向下。甲、乙目视对方（图 3-202）。

（2）乙右脚上步，屈膝前弓；同时右拳顺缠收至腰间，左拳逆缠向甲胸部打出。甲身体右转，右脚撤步，屈膝前弓；同时右拳收至腰间，左拳向前上方转至乙左臂内侧，顺缠屈肘，向右格挡。甲、乙目视对方（图 3-203）。

动作要点：甲左右格挡时，两臂顺缠引化。

图 3-202　乙弓步冲拳、甲退步格挡　　　　图 3-203　乙上步冲拳、甲退步格挡

6. 乙右二起脚、甲击地捶

乙重心移至右腿，左脚屈膝上提，右脚蹬地发力，迅速向甲踢出；两手变掌随腿摆动。甲左脚后撤，再右脚后撤；左拳逆缠向上格挡，右拳逆缠向下击打乙右脚面，拳心向内（图 3-204、图 3-205）。

图 3-204　乙提膝独立、甲随势撤步　　　　图 3-205　乙右二起脚、甲击地捶

7. 乙玉女穿梭、甲转身将

（1）乙右脚向前落步，屈膝前弓；右手向甲面部推出，左手向下按至左胯旁。甲身体右转；右手向上掤接乙右腕外侧，逆缠握住乙右腕，左手扶按乙右肘。甲、乙目视对方（图 3-206）。

（2）甲身体继续右转，右手用力探出，左手屈肘顺缠，合力将出乙方。乙随甲将劲向前跃出（图 3-207）。

（3）甲身法不变，步法不变。乙身体右转，两脚依次落地成右偏马步；右手转至右侧上方，掌心向右，掌指向前。甲、乙目视对方（图 3-208）。

动作要点：甲顺乙推掌之势转身右将。

图 3-206　乙弓步推掌、甲右採左捋　　　　图 3-207　甲转身捋出、乙转身跃出

图 3-208　乙右转落步、甲弓步右捋

8. 甲、乙捣碓收势

同一段打套路（图 3-209～图 3-216）。

图 3-209　甲、乙活步开臂　　　　图 3-210　甲、乙虚步合臂

图 3-211　甲、乙提膝握拳　　　　图 3-212　甲、乙震脚砸拳

图 3-213　甲、乙两臂上托

图 3-214　甲、乙起身按掌

图 3-215　甲、乙开步直立

图 3-216　甲、乙并步直立

四、拆招

1. 云手拆招

（1）甲、乙相对并步直立（图 3-217）。

（2）乙进右步，以右拳击甲胸部（图 3-218）。

（3）甲进左步，右手接乙右手腕外侧（图 3-219）。

（4）甲右手逆缠反拿乙右手腕，左手抬起贴于乙右肘外侧，右脚向左脚后侧插步（图 3-220）。

（5）甲右手拿乙右腕，左手按乙右肘，左脚向左后方擦步，将乙摔出（图 3-221）。

图 3-217　甲、乙并步直立

图 3-218　乙上步冲拳

图 3-219 甲上步接手

图 3-220 甲插步拿腕

图 3-221 甲擦步拿摔

2. 雀地龙拆招

（1）甲、乙相对并步直立（图 3-222）。

（2）乙进右步，以右拳击甲胸部（图 3-223）。

（3）甲进右步，左手接乙右手腕内侧，右手握拳置于腰间（图 3-224）。

（4）甲左手向左引将乙右手，右手握拳向前击打乙裆部（图 3-225）。

图 3-222 甲、乙并步直立

图 3-223 乙上步冲拳

图 3-224　甲上步接手

图 3-225　甲捋手击裆

3. 转身献果拆招

（1）甲、乙同向并步直立（图 3-226）。

（2）乙进左步，左掌向甲背部劈出（图 3-227）。

（3）甲右脚向前上步，身体左转（图 3-228）。

（4）甲左腿提起，左手握拳向乙头部击出（图 3-229）。

图 3-226　甲、乙并步直立

图 3-227　乙背后劈掌

图 3-228　甲右脚上步

图 3-229　甲提膝变拳

4. 劈身捶拆招

（1）甲、乙相对并步直立（图 3-230）。

（2）乙进左步，以右拳击甲胸部（图 3-231）。

（3）甲进左步，右手擦接乙右手腕外侧，并逆缠握乙右手腕向右探拿，左手握拳用左小臂压在乙右肘上侧，顺势而下（图 3-232）。

图 3-230　甲、乙并步直立

图 3-231　乙上步冲拳

图 3-232　甲上步探拿

5. 击地捶拆招

（1）甲、乙相对并步直立（图 3-233）。
（2）乙右脚向前上步，双手抱住甲肩部（图 3-234）。
（3）甲左脚后撤，身体下沉（图 3-235）。
（4）甲左手握拳向上，身体左转，右手继续向上、向左、向下打出（图 3-236）。

图 3-233　甲、乙并步直立

图 3-234　乙上步搂抱

图 3-235　甲左脚后撤

图 3-236　甲弓步冲拳

6. 转身捋拆招

（1）甲、乙相对并步直立（图3-237）。

（2）乙进右步，以右掌击甲胸部（图3-238）。

（3）甲撤右步，迅速抬起右手接乙右手腕外侧（图3-239）。

（4）甲逆缠拿握乙右手腕，左手抬起贴于乙右肘外上侧，顺乙劲向右捋出（图3-240）。

图3-237　甲、乙并步直立

图3-238　乙上步推掌

图3-239　甲撤步接手

图3-240　甲右转高捋

7. 摆莲拆招

（1）甲、乙相对并步站立（图3-241）。

（2）乙进左步，以右拳击甲胸部（图3-242）。

（3）甲用右手接乙右手腕外侧，同时右腿提起（图3-243）。

（4）甲右手逆缠拿握乙右手腕，顺势向右引捋，同时用右脚摆击乙头部（图3-244）。

图 3-241 甲、乙并步直立

图 3-242 乙上步冲拳

图 3-243 甲提膝接手

图 3-244 甲右腿摆击

8.蹬腿拆招

（1）甲、乙相对并步直立（图 3-245）。

（2）乙进左步，以左拳击甲胸部（图 3-246）。

（3）甲右腿后撤，右手按在乙左腕上侧，向右引捋（图 3-247）。

（4）乙右拳迅速向甲面部打出，甲左手向前接乙右手腕内侧（图 3-248）。

（5）甲双手外分、抓握乙双手，收于腹前；同时右腿屈膝提起，用右脚向前蹬踹乙腹部（图 3-249）。

图 3-245 甲、乙并步直立

图 3-246 乙上步冲拳

图 3-247　甲撤步按腕

图 3-248　乙右手冲拳、甲顺势上架

图 3-249　甲右腿蹬腹

9. 右二起脚拆招

（1）甲、乙相对并步直立（图 3-250）。

（2）乙进右步，以右拳击甲胸部（图 3-251）。

（3）甲左手向前接乙右腕外侧，左腿屈膝提起（图 3-252）。

（4）甲左脚下落，右脚蹬地发力，右脚迅速向前弹踢乙腹部或胸部（图 3-253）。

图 3-250　甲、乙并步直立

图 3-251　乙上步冲拳

图 3-252 甲接腕提膝

图 3-253 甲右腿弹踢

10. 玉女穿梭拆招

（1）甲、乙相对并步直立（图 3-254）。

（2）乙进左步，以左掌向甲胸部推出（图 3-255）。

（3）甲上左脚，右手上架乙左臂，同时左手上提至胸前（图 3-256）。

（4）甲身体右转，右手向右探拿乙左手，左手向前推击乙下颌（图 3-257）。

图 3-254 甲、乙并步站立

图 3-255 乙上步推掌

图 3-256 甲上步架掌

图 3-257 甲上步推掌

参考文献

[1] 国家体育总局武术研究院 . 陈氏太极拳［M］.北京：高等教育出版社，2010.

第四章　格斗散手的『打』

第一节　散手概述

一、散手的属性概念

　　散打，俗称散手，是在吸收中华传统武术踢、打、摔、拿等技术动作基础上，加以拳击的拳法、步法，具有中国特色，"糅合"世界搏击的精华，两个人按照一定的规则要求进行的徒手格斗的对抗竞技运动项目。它在我国历代素有诸多的称谓，如相搏、手搏、白打、对拆和技击等。从技法表现的特质上看，作为武术表现形式之一的现代散手已不再仅仅是对武术中的传统技击术进行简单的继承和再现，而是在继承的基础上进行创新与发展。其中最为突出的就是，把传统中注重"招法"的观念改变发展为把招法、体能与智能综合起来进行"运用"的思想，从而突出了它的实际操作能力。与此同时，现代散手还把传统中不同风格的技击术进行"科学抽象"的"糅合"，使之成为带有共性意义的徒手格斗技术。这是现代散手的成功之处，也是对中华武术的弘扬光大。

　　另外，散手进入现代竞技体育也是具有深刻历史意义的大事。因为，散手由于自身固有的本质特性——其攻击与防守的技能服务于现实生活，即能够满足人们的安全防卫这一传统观念和现实需求，而且这种实用性能依然在一定程度上起着作用的时候，使散手成为竞技体育项目，并成为当前发展的主流，也为广大群众所接受，可以说是武术这一民族精粹又能得以发展的重要契机和良好开端。

　　当然，散手成为体育这一大系统中的子系统，从开始就要面临着一场变革。而这个"变革"的实质，究其根本，其实是一种文化转型的结果。

　　那么，所谓散手的"文化转型"，其内在的机制是什么呢？这就是，根据武术发展的需要和社会精神文明方面的需求，提出了把散手作为竞技体育项目并大力推广。从转型的"模式"上讲，就是在"制度层面"开始把武术的散手纳入体育系列，即用行政方式使之成为"项目"。由于体育竞技运动的规律和要求，散手技术不可能完全保持其原来的面目，从而引起了转型"模式"中的"器物层面"的变化，即对散手技术进行有目的的取舍与整合，使之能够符合体育竞赛的特点。正是这些变化，最终使传统武术散手的思想观念和价值观念产生了质的变化，以至于引起转型"模式"中关键的"意识层面"的更新——体育性质的散手观念得以确立，从而真正使传统散手成为具有体育属性的竞技运动项目。

至此，我们也就可以给现代散手一个基本的概念：现代散手是两人按照一定的规则，用武术中的踢、打、摔等攻守技法进行徒手对抗的现代竞技体育项目。它是中国武术的重要组成部分。

二、散手的特点

（一）继承与融合

散手是继承传统武术技击术的基础上，融合拳击、跆拳道、泰拳、自由搏击、空手道等技术精华发展创新的结果。所谓技击技术的"融合"，是指具有不同文化特质的技击术经过相互吸收、消化、融合、变革创新趋于一体化的过程，正是这种融合，才使得传统武术技击术在内容与形式上发生了变化，随着时代变迁，从而逐渐演变为一种有别于传统武术技击新的技术体系，使东西文化融合的成功案例得以展现在世界人们眼前。

一方面，"融合"是对不同时代的各国搏击技术和一些相关类项目的应用技术进行大胆的借鉴与吸收。例如，对拳击中的拳法与步法，空手道、跆拳道、截拳道、泰拳中的腿法，中国式摔跤、国际式摔跤和柔道中的摔法进行融合，吸收其中的有用的技巧，甚至是对具体的实用技法进行吸收，再把它们与通过归纳整理后的技法不断地进行融合、协调和修正，使之成为一种全新的、完整的散手技术体系。

另一方面，"融合"是对传统武术技击术和现代搏击技术进行解码与编码，解码是舍弃它们的具象不实用形态，找出它们内在的运动规律和带有本质性东西，通过编码用于进攻的拳法、腿法、摔法，发现其基本的运动规律表现是直线形、弧线形、不规则形三种方法，在此基础上，进行构建新的拳法与腿法的动作技术体系，以适应现代散手竞赛的需要。在摔法上则主要是把握住自己的重心，"破坏对方重心"和"抢圆背摔"的方法，以达到摔倒对手的目的。同时，对传统武术技术防守方法作了简单的归类，提出了"接触式"和"不接触式"两类防守技术的分类。"接触式"防守主要包括格挡、推拍、格打和截击等，"不接触式"防守主要是指运用身法灵活机动和步法的快速闪躲技术。至此，使用一套相近代码规则构建出解码与编码的现代武术散手技术与竞赛体系才具有向世界传播意义。

经过解码与编码融合后的武术散手格斗技术和竞赛体系是吸收东西文化精华发展创新而成的产物，它既有传统武术技击的影子，又具有现代搏击的特征，也有体现现代竞赛制度。因此，展现出中华武术博大精深的深度，海纳百川的宽度，以及达到截拳道的"以无法为有法，以无限为有限"哲理的高度。

（二）尚武与崇德

一个没有骨气的民族难以屹立于弱肉强食世界之中，一个没有尚武精神民族将被外力所折断，民族精神是中华民族屹立于世界文化之林不倒的脊梁，其中尚武精神是民族脊梁杰出代表。"尚武"能培育大学生自强不息的民族精神，"崇德"能让大学生养成"厚德载物"气度，这种精神正是中华民族代代相传优良传统，也是武德精神缩影。武术散手的教育历来重视武德，以尚武崇德作为学习散手的基本原则。武德这一传统武术技击活动中长期实践而成的文化传统，不仅在历史上发挥不可替代作用，对当代大学生个体的道德修养、社会和谐的发展，还是对民族复兴和国家繁荣昌盛都具有积极教育意义。

历史上，在春秋战国时期，有志之士为了国家和人民行侠仗义、除暴安良，明代少林武僧为抗击倭寇血染沙场，到清末少林武僧要求救国图存，到民国精武会提出"爱国、修身、正义、助人"的"精武精神"，到孙中山先生提出强国强种"尚武精神"，唤起民族觉醒和自觉，这种精神对子子孙孙有巨大的文化感召力，也得到社会的广泛认同，激发了有志青年的爱国热情，通过刻苦训练来报效祖国。

当代，青年大学生又继承和弘扬尚武崇德民族精神文化精髓，将其内化于心，外化于行，提高自己个人道德修养，自觉践行社会主义核心价值观。培养不畏困难，顽强拼搏，自强不息爱国主义情怀，达到内外合一的目的，为实现中国梦而努力奋斗！

因此，武术散手建立在中华民族传统武术文化的基础上，并且具有丰厚的传统文化内涵，强调"尚武崇德、厚德载物、报效祖国"的民族精神，为越来越多青年学者所喜爱。

（三）表演与竞赛

传统的格斗散手作为内在于人们的心理习惯、思维方式、价值取向、道德观念、行为模式之中的文化样式，传统是一个动态的系统，是一种意识流，是一股割不断的强大的精神力量，从过去沿袭到现在，又奔向未来，结成了从过去到现在，一个时代接着一个时代、一个环节接着一个环节的生生不息的链条，从而把历代人们认识和改造世界的成果以文化样式的形式累积起来并保存下来，一代又一代地传给后人，也使得每一代人的创造都有了既定的基础。传统是绵延于过去、现在和未来的一种过程，不能将它简单地归结为"过去的东西"或"古代的东西"，而必须看到过去、现在和未来之间的联系。弘扬传统不等于复古，也无"厚古薄今"的含义。把握传统，也不能只回顾过去、回到古代，要了解过去、了解历史，还必须了解现实，贯通古今，着眼未来。弘扬传统也正是为了更好地把握现在，展望未来。

散手是在传统民俗体育活动中世代相传而来。例如摔跤。民俗又称民间文化，是指一个民族或一个社会群体在长期的生产实践和社会生活中逐渐形成并世代相传、较为稳定的文化事项，可以简单概括为民间流行的风尚、习俗在节日庆典中所展现出来的对抗技击表演，从而丰富人们文化生活。

首先，是竞赛表演。散手的比赛表现形式是通过传统的"打擂台"方式进行。例如，清朝时期雷老虎为自己的女儿比武招亲"打擂台"。"打擂台"就是双方在擂台上比赛斗智斗勇分出胜负。如果一方被打下擂台，不管他在擂台上踢、打、摔击中对方得多少"分"，仍要被判定是该局失败一方。因为在擂台上较技比赛，决定胜负最基本标准是不下擂台。这与西洋拳击和自由搏击中以体能为基础的搏斗有着明显的区别，使比赛更加精彩激烈，吸引观众眼球，进而增加对他者的吸引力。

其次是在竞赛规则的制定。现行的散手比赛规则采用每局单独记分的"三局两胜制"，是以得"分"为主。每局比赛胜负评定的依据是得分多少并且不带入下一局。每一局就要求运动员从"零"开始，在散手竞技比赛中得以充分表现艺高人胆大，这就使得比赛紧张激烈，始终以得"分"为主，而不以"重创"对手为目的，最终使散手比赛充分表现为技高一筹者胜。这与传统武术技击术中的"点到为止"的思想有着一脉相承的巧合。此外，对"得分部位"的规定也颇具人性化的特点。散手的得分部位除了后脑、裆部、倒地不能击打外，其他部位都可以击打，这有别于世界上自由搏击术，这都利于对运动员保护。进而提醒比赛双方对自己的身体的任何部位都要防护好，这正是证明中华民族是以人为本、生命至上的民族。

三、散手的作用

（一）强身健体，防身自卫

武术散手是民族传统体育项目重要组成部分。民族传统体育项目主要来自人们的生产、生活方式中，与身体活动有着密切的联系，它要求人们直接参与运动与竞赛，在娱乐身心的运动中逐步改善民族体质，提高各民族人民的健康水平。民族传统体育强调以强身健体、防身自卫、益寿延年为最终目的，强身健体就成为散手的主要功能之一，而防身自卫又应清楚地了解和清醒地把握"正当防卫"的法律界限。参与散手运动锻炼能促进有机体的生长发育，提高运动能力，促进骨骼和肌肉的力量生长发育，改善呼吸系统的肺活量功能，促进血液循环改善和提高中枢神经系统的机能，调节人的心理，提高人体对环境的适应能力。

由于不同时代的人社会需求不同，武术散手各种功能作用也有所不同。但是，无论社会如何发展，格斗散手防身功能始终是武术不变的本质属性，所以说武术散手是技击为主要内容，防身自卫为重要手段。人们经常参与散手运动，不仅可以培养身体良好的感知器官，达到强身健体的目的，还能提高身体的柔韧性、轻盈性、协调性，达到愉悦身心的目的，促进身心全面发展，满足个人安全需求。

民族传统体育散手的健身价值是由民族传统体育活动的基本属性、早期民族各项活动较多依靠自然力的特点及人们日益增长的健身需求所决定的。当今社会，生活水平的不断提高和交通工具的便捷，网络游戏的出现，导致人类进行身体活动的机会越来越少，加之现代社会的压力不断增加，导致人类"文明病"频发，追求身体素质的改善和体质的完善将成为越来越多人的选择。而民族传统体育散手有着独特的健身功能，能最大限度地满足人类健身的需求，其健身价值将得到更加深入的开发。现时，散手在公安和军队开展，能有效提高公安干警和部队战士的格斗技能，为维护社会长治久安，保家卫国，民族利益和领土完整提供技术支撑，在未来社会中会发挥更重要的作用。

（二）锻炼意志，崇尚武德

体育散手运动不仅对增强体质、提高肌体活动能力和发掘人的潜力有着极为明显的作用，而且对调节人的心理、满足人的精神需求、保持健康的精神状态和提高人们的生活质量也有着极为明显的作用。作为一种以娱乐身心为主要目的的活动，体育散手运动着重于人的身心需要和情感愿望的满足，以自娱自乐的消遣运动与竞技比赛性的活动方式展现在大众面前，使人们的身心都得到了很好释放，从而达到锻炼意志，陶冶情操，崇尚武德目的。

首先，表现在锻炼意志。经过一段时间的艰苦训练，培养人吃苦耐劳、果敢坚毅、顽强拼搏、勇猛顽强、天天向上的精神。通过与对手的对抗，能够克服胆怯的心理障碍，树立起敢打必胜的信心，以及胜不骄、败不馁的意志品质。

其次，散手教学和训练过程中崇尚武德，以武观德，加强武德修养的培育。由于散手运动的对抗激烈特点，无形中滋生了学生争凶斗狠的心理，这样在训练与比赛中容易失控造成无必要的伤害。为此，在武术散手教学中历来注重崇尚武德培养，使学习散手武者自觉地尊师重教、团结友爱、守信重义、见义勇为、维护正义、遵守公德。

经过一段时间严格训练和公平竞赛，使武者能够养成遵纪守法，锻炼意志，陶冶情操，崇尚武德、谦虚谨慎，奋发有为民族精神，同时，提高民族文化自觉性，增强四个自信，树立正确人生观、世界观、价值观，进而为实现中国梦而努力奋斗。

（三）走出国门，提升形象

20世纪以来，为了展示中华武术的风采，在党和政府的推动下，中国武术代表团开始相继走出国门，散手在对抗表演中展现出斗智斗勇、精彩刺激给人以激动不已的阳刚之美感受，况且有着极高的欣赏价值和极强的娱乐功能，尤其是在全球化现代社会，人们的生活节奏加快，对事物的追求愈加带有刺激性。散手对抗的紧张度和激烈性正好迎合了现代人们的这种心理需求，其技术运用的恰当和掌握时机的巧妙所产生奇异的遐想以及跃跃欲试的冲动。与此同时，由于散手的热烈气氛和浓郁的娱乐情趣，当然也为满足心理上的适度宣泄提供了理想的场所，这对人们的心理调节不失为一种有益的尝试。甚至可以通过散手来刺激人们对"原始力量"的追忆和生存本能的思考，启发人们在现实生活中的顽强拼搏和不断积极进取的人生态度。因此，能够吸引更多的世界人们参与这个项目中来。

特别是李小龙通过电影和截拳道成为世界功夫之王和武之圣者使中国功夫传播到世界各地，吸引着无数武术爱好者寻根问祖、拜师学艺。通过学习中国功夫成为了解中国、了解中国文化的有效路径，以及国际武术联合会成立和各类武术国际组织机构在世界各地生根发芽、开花结果，无形中扩大了散手在世界的影响力和号召力，促进中国文化软实力建设，提升了中国在国际上的形象和地位。

散手运动不但能给人以视觉盛宴，而且给习练者增强自信心和自豪感，而功夫之王明星效应正是人们所追求的强者风范。从这个意义上讲，散手可以成为习练者的一种精神依托，并从中得到心理满足，这是最大的"自慰"。此时的习练者在承受了大运动量的训练后，就会有一种"被释放"了的愉悦感，这种张弛有度的节律，对自我身心的健康调节同样也是大有裨益的。另外，亲自参与比赛胜利也会带来持久的欢悦和满足。如果是比赛失败，所带来的沮丧也只是暂时的，又通过不断练习恢复自信心，这样反复练习更多的则是自我的安慰和再次激励起奋发的决心。更为重要的是，所有这些，都能使练习散手的人们在艰辛和挫折中体悟到成功和失败的人生真谛。

（四）促进交流，增进友谊

现在是全球化时代，通过散打全球化竞赛交流切磋技艺，提高和发展了散手技术的运动水平，增长各国文化交流与友谊。同时可以消除世界各族人民因地理环境、文化传统和生活方式的不同所带来的隔阂，为武术爱好者提供文化交往的良好社会环境和丰富的情感交流，有利于改善民族关系，促进世界各民族地区的经济与文化交流。

武术散手作为中华民族文化重要组成部分，是中国人行为范式、生存方式、民族名片、形象大便、文化符号。在当今世界开放交流中，发挥着越来越重要作用。2009年，胡锦涛主席在参观毛里求斯中国文化中心时说："学习武术，第一，可以健身。第二，可以了解中国文化。第三，可以增进中毛两国人民的友谊。"由此可见，武术散手作为对外交流窗口，为促进国际交流，增进世界人民友谊，提升国家形象与地位，发挥着不可替代作用。实现了武术散手"源于中国，走向世界"的远望。

综上所述，在高校，把散手教学融入体育教育和校园文化之中，不仅可以丰富和充实教学内容，激发学生学习的积极性，使高校学生感受到无穷的乐趣，而且还可以拓宽社会交往，增进人们相互间的情感交流，使人们形成积极向上、乐观开朗的心理状态。还可以培养学生坚强的意志品质，以及团结、合作、友爱、勇敢的精神，使中华民族传统美德通过高校得到更好的继承与创新。

第二节　散手基本技术训练

散打基本技术

一、学习散手基本技术应注意的问题

对于散手初学者来说，掌握基本技术是至关重要的。为此，教练员在散手基本技术的教学训练中，要注意以下几个问题。

第一，要深入了解散手基本技术的动作原理，认真掌握正确的动作要领，自觉运用教学与训练的原则，熟悉各种教学训练方法。

第二，要制订详细的教学训练计划。基本技术的练习必须有条理性，循序渐进，对技术的掌握要从易到难，从单个技术到组合技术，从无阻抗条件到有阻抗条件，分阶段、分步骤地进行教学训练。

第三，要处理好基本技术训练与战术、专项身体素质及心理等训练的关系，要注意大纲、计划进度中基本技术与其他教学训练内容的匹配关系，相互间不能顾此失彼，比例失调。同时，在按计划执行的过程中，还须按运动员的身体与心理状况及时调整基本技术教学的具体方法、内容及训练负荷。

二、基本技术的教学训练

（一）预备姿势

散手预备姿势是进入对抗前的准备姿势，它可有多种表现形式，在此我们仅把带有普遍意义的姿势作为标准的教学范例来讲解。

1. 对预备姿势的三个基本要求

（1）便于进攻：实战中，运动员必须准确地把握住进攻时机。运动员除了要有娴熟的技术、灵敏的反应和必备的身体素质外，其预备姿势正确与否对运用技术的效果关系重大。它主要表现在使用动作前把身体各部位调整到适于发动进攻的协调状态，从而达到使用攻防动作时动作突然、快速、有力以至于奏效的目的。

（2）便于防守：正确的预备姿势不会造成顾此失彼的状况，它总是能够事先兼顾到自身所需防守的各个部位，以及在防守时表现出最佳的能力和效果，并能及时地处理好防守过后迅速转入进攻的关系。

（3）便于转移：实战中，运动员要不断地根据对我双方的态势及攻防技术的特点和要求，在不同的情况下迅速地变换体位与方位。这就要求预备姿势时的重心不宜过低，基底范围不宜过大，重心应在人体中轴线周围游离，身体始终处于待发状态，以增加移动时启动的突然性。

2. 动作要领（以下所有技术动作均以右势为例）

（1）两脚微呈八字平行开立，距离略比肩宽，两膝微屈成并肩裆。

（2）左脚不动，右脚以脚前掌为轴向左旋转，身体随之转动25°左右，重心在两脚的前掌上，右脚跟虚虚踮起。

（3）松胸、溜臀、收下颏，前手轻握拳，屈臂抬起，拳与下颏等高，前臂与上臂夹角成90°～110°，后手轻握拳，屈臂抬起，前臂上臂夹角小于60°，后手拳自然置于下颏外侧处，肘部下垂轻贴在右肋部（图4-1）。

图4-1　预备势

3. 动作的技术分析

（1）转体后，两脚不在一条直线上，这样一是利于稳定，二是利于后手、后腿的进攻。

（2）重心在两脚的前掌上是使自己随时处于待发状态，便于攻防和转移。

（3）两肘自然下垂能有效地保护自己的两肋部，下颏微收以增强自己头部的抗击打能力。

4. 容易犯的错误

（1）两脚容易并在一条直线上，削弱了自己进攻的能力和对来自侧面进攻的防守力，并且稳定性差。

（2）预备姿势完成时骶部与肩部不在一个立面上，容易破坏完成动作时的整体协调性。

5. 指导训练的方法

（1）反复练习转体动作，要求注意重心的分配和身体立面的统一。

（2）转体动作熟练后再做上肢的配合动作。

（3）动作基本定型后可进行前后左右的摇晃练习，使之能够使身体协调、放松。

（4）掌握动作后，教练员可根据情况下达指令改变体位方向，使之在不断变换动作中迅速调整好自身的动作，以提高运用预备姿势的能力。

（二）基本步法

散手步法首先是为了配合攻防动作的运用，以达到攻防效果；其次是为了保持动态中的身体平衡与双方的有效距离。步法是散手技术运用的基础，是构成单体技术的基本要素，"有招必有步"和"步动招随，招起步进"就是这个意思。

散手步法的总体要求是"快""灵""变"。"快"是指步法移动要迅速；"灵"是指步法移动要轻灵，有弹性，不僵滞；"变"是指步法在运用中能随机应变，转换自如。

1. 基本步法的动作要领

（1）单滑步：单滑步分为向前、向后、向左、向右四种，主要用于直接配合拳的进攻。现以向前滑步为例来具体讲解。

前滑步：从预备姿势开始，上体保持原来姿势，后脚蹬地，重心前移，前脚微高地面，以脚前掌向前蹭出 30 厘米左右，后脚随之跟进相同距离，整个动作完成后仍成原来的预备姿势（图 4-2）。

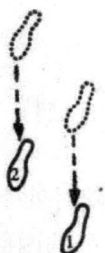
图 4-2　前滑步

应该注意的问题：

①在移动中，身体各部位要相对固定，但要紧而不僵，重心不得过于起伏或出现前俯后仰的现象。

②前后脚移动的距离应大致相等，不然在完成动作后的步型会过宽或过窄，进而影响下一个动作的完成。

③在移动过程中，两脚应始终保持平行，以保持移动中的稳定性。

④移动时不应出现迈步现象，不然既影响启动速度又容易暴露动作的意图。

⑤向后、向左、向右的滑步，一般情况下都应由向所滑动方向的脚先行移动，另一脚紧跟滑步，两脚间的滑动距离应大致相等。

（2）闪步：闪步分为左、右闪步，主要用于躲闪对方的正面进攻，并有利于自己做出迅速的反击。

左闪步：从预备姿势开始，上体保持原来姿势，前脚向左侧迅速蹭出 20～30 厘米，紧接着后脚以前脚为轴迅速向左滑动，角度在 45°～90° 以内，动作完成后大致成预备姿势的步型（图 4-3）。

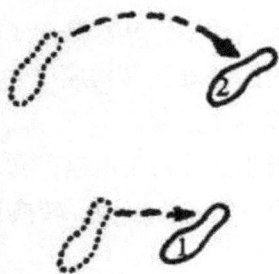
图 4-3　左闪步

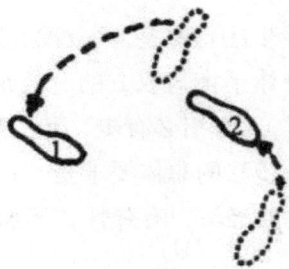
图 4-4　右闪步

应该注意的问题：

①做闪步移动时，重心容易在瞬间出现前俯现象，这不利于保护自己。

②闪步动作的完成主要靠髋部的力量带动，在移动过程中整个身体要相对固定，但不能僵滞。

右闪步：从预备姿势开始，后脚向右方横向蹭出，随后以髋部带动前脚向右侧滑动，身体转动角度一般在 60°～ 90°，动作完成后成预备姿势（图 4-4）。

应注意的问题与左闪步相同。

（3）纵步：纵步分为前、后两种，主要是用于远距离时迅速接近对方或在中近距离时迅速摆脱对方的一种步法。现以向前纵步为例：从预备姿势开始，两脚同时蹬地向前纵出 30 ～ 40 厘米，在动作完成的过程中始终保持预备姿势（图 4-5）。

 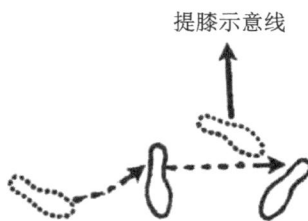

提膝示意线

图 4-5　纵步　　　　　　　　　图 4-6　垫步

应注意的问题：

①启动前不宜过分降低重心，不然容易暴露动作意图。

②动作主要靠两脚踝的力量向前纵出，但不宜过于腾空。

③向后纵步，动作要领与向前纵步相同，但方向相反。

（4）垫步：垫步大体分为两种，一种是垫一步，另一种是在上一步的基础上再跟垫一步。垫步一般直接用于配合腿的进攻动作。这里只介绍跟垫一步的技术，因为其中已包括垫一步的技术。

①从预备姿势开始，重心前移，后脚蹬地向前脚内侧并拢，随即前腿屈膝提起，根据情况使用蹬、踹腿法。

②在用腿法的同时，支撑腿随蹬（踹）腿向前再垫出一步，脚跟斜向前（图 4-6）。

应注意的问题：

①后脚向前脚并拢要快，前腿提起的动作与后脚的并拢动作不脱节、不停顿。

②配合出腿的垫步要与腿法同时完成，但要注意垫步时不能腾空，为加大力度和充分伸展，踹出后的支撑腿脚后跟必须斜向前方。

（5）击步：击步是在远距离需接近对手或在中近距离需脱离对手时运用的一种常见步法。击步主要分向前、向后两种。

向前击步：从预备姿势开始，重心前移，后脚蹬地向前脚内侧迅速靠拢，在后脚着地的同时前脚向前方迅速跃出，着地后两脚成预备姿势步型（图 4-7）。

向后击步：从预备姿势开始，重心后移，前脚蹬地向后脚内侧迅速靠拢，着地后两脚成预备姿势步型（图 4-8）。

应该注意的问题：

①做击步时不能腾空过高，两脚动作要依次、连贯、快速。

②完成动作的过程中要注意上体不能前俯后仰。

（6）交换步：交换步是左右架势交换时的一种步法，多见于左右架势交替打法的运动员使用。

从预备姿势开始，前后脚同时蹬地稍离地面，在空中左右腿前后交换，转体120°左右，同时两臂也做前后体位的交换，完成动作后成与原来相反的预备姿势（图4-9）。

应该注意的问题：转换时要以髋部力量快速带动两腿交换，同时身体不能腾空过高。

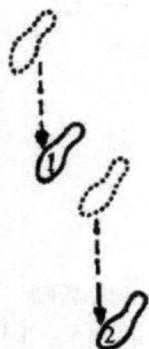

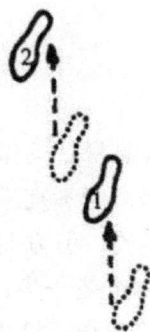

图4-7　向前击步　　　　　图4-8　向后击步　　　　　图4-9　交换步

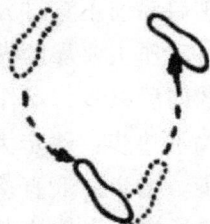

2. 步法练习的指导方法

（1）单项步法练习：在预备姿势的基础上开始练习步法。每当学习一种步法后都须反复练习，认真体会动作要领。这一阶段的练习可不要求速度，只要求动作规范，并注重与身法的协调关系。

（2）组合步法练习：在各种步法的动作技术掌握以后，首先是将一两种或两三种步法有规律地编串起来反复练习；其次是随机地组合各种步法练习，通过这种练习来培养运动员对各种步法任意衔接的能力。

（3）结合反应练习步法：

①听口令或看手势进行前后左右的规定步法或任意步法的练习。

②一攻一防的步法练习。两人保持一定距离，由教练员指定一方用步法主动逼近或摆脱对方，同时要求另一方运用相应步法与主动者保持一定距离，通过练习提高步法与距离判断的结合与掌握能力。

③互为攻防的步法练习。允许两人运用各种步法进行相互进逼与转移的练习，进逼为的是破坏双方原有的距离，转移则是为了保持双方的距离。通过这种练习能够培

养运动员运用步法来制造和捕捉战机的能力。

（三）基本拳法

散手拳法主要分为直、摆、勾、鞭四种。作为进攻技术，拳法在运用中须遵守以下五个原则。

第一，随步进攻。用拳法击中对手不是仅靠上肢的放长，而是靠步法的接近，所以在一般情况下拳法攻击要伴随步法的移动，以稳定身体重心，调整有效距离，发挥出整体用力的效果。

第二，出拳的力量来自后脚的蹬地，然后转髋带动转（压）肩、送臂出拳，在击中对方的瞬间产生制动。整个力的表现是一个由脚到拳的协调和快速的传递过程。

第三，出拳后出拳臂的肩关节的垂直线任何时候都不得超过自己前腿的脚踝关节，以防破坏自身的稳定。

第四，出拳击中对方的瞬间要突然握紧拳，击中后随即放松。拳的出击与回收应是一个完整的动作，表现其弹性。

第五，出拳收回后要迅速做好防守和再次进攻的准备。

1. 基本拳法的动作要领

（1）直拳：直拳属直线形攻击方法，它分为前手直拳、后手直拳两种，在拳法中是中远距离进攻对方的主要手段。由于直拳动作相对隐蔽，尤其后手直拳力量较大，是给对手重击的有效方法，所以在比赛中使用率较高。

前手直拳：从预备姿势开始，后脚蹬地，重心前移，同时以髋带动肩向内旋转10°左右；由肩带动前手臂的前臂快速直线出击，力达拳面，手臂自然伸直，后手置于原来位置；收拳的路线亦是出拳的路线，收拳后迅速回复到原来的预备姿势（图4-10）。

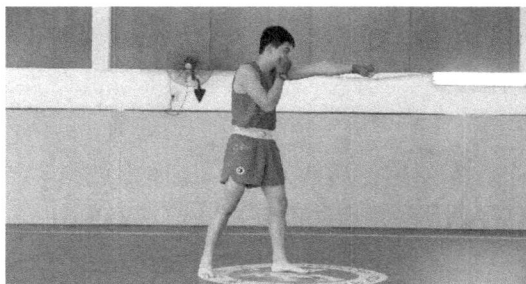

图4-10 前手直拳

应该注意的问题：

①出拳时不得有回拉现象，以免暴露动作意图。

②出拳时要以肩催臂动，而不能以肘为轴出现敲的现象。

③防止出拳时出拳臂翻肘，形成横向出拳的动作。

④前手出拳的同时，后手不可有后张反拉的动作出现。

后手直拳：从预备姿势开始，后脚蹬地并以脚前掌为轴向内扣转。随之合髋转腰压肩，向正前方直线出拳，力达拳面。出拳同时前手拳直线收回至下颌前方，肘部自然弯曲贴于肋部（图 4-11）。

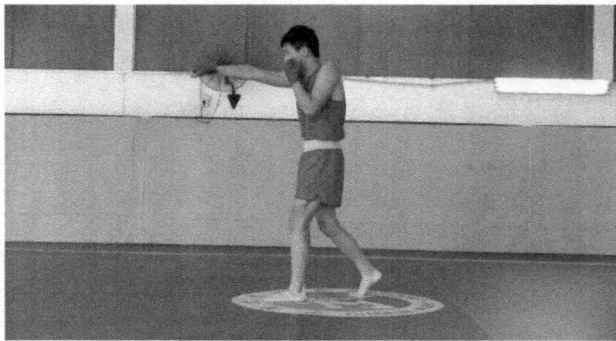

图 4-11　后手直拳

应该注意的问题：

①后手直拳完成时，从正面看，向内转扣的后大腿应垂直于地面，这样的蹬地才能产生最大的反作用力而传递至拳面；从侧面看，两腿之间应与身体中心线形成一定角度，不然则破坏了力的完整性。

②出拳后容易出现重心不稳的现象，大多是因两脚居于一条线上的缘故。

③出拳时要避免耸肩、转体不到位等，以致出现抖肘关节的现象，还应避免出拳时往下蹲的现象，这些都会影响打击速度、力度并破坏击打距离。

（2）摆拳：摆拳是弧线形进攻方法，分为前手摆拳、后手摆拳两种，在相互的连续击打中使用率较高。由于摆动幅度大，所以击打力量很大，但也因幅度大和运行路线长，使动作的隐蔽性较差。为此，教学的重点是认真掌握动作要领和摆拳的发力机制。

前手摆拳：从预备姿势开始，后脚蹬地，身体由髋带动腰向内旋转 15°～20°，同时重心前移；前手臂抬肘略与肩高，微张肩，前手拳向外侧前方伸出，上臂和前臂的角度相对固定（图 4-12）；当髋部完成旋转角度后迅速制动，由制动的惯性使张开的肩回收而产生合力，此时的出拳臂仍按从侧前方向正前方的路线划动，最终又因髋部制动的合力牵制而制动，产生摆拳的力量（图 4-13）；动作完成后迅速放松，基本是按原来出拳路线恢复到预备姿势。

图 4-12 前手摆拳正面

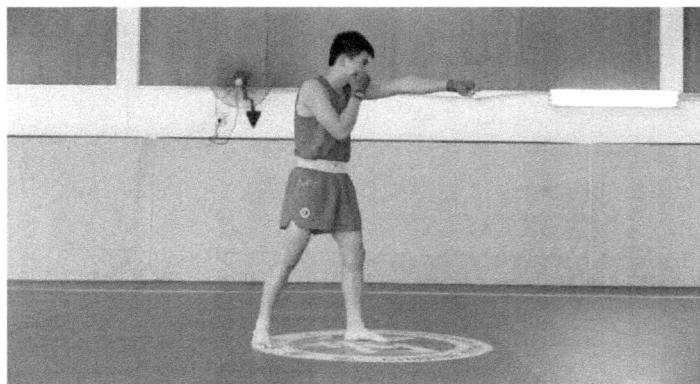

图 4-13 前手摆拳侧面

应该注意的问题：

①摆拳空击时的到位标准应是手腕摆动至身体中心线处。

②在做摆拳动作时要防止拳往回引拉，使动作幅度过大，正面防守出现空当。

③出拳臂的拳与肘应基本保持在一个运动轨迹中，切不可过早翻肘，以免出现甩拳。

④摆拳在中近距离时的手型应该是拳心向内向下，远距离的手型应该是拳心向外向下。

后手摆拳：从预备姿势开始，以后脚的脚前掌为轴内旋，带动转髋，重心前移；后手臂抬起略与肩平，拳向前外侧伸展，上臂和前臂形成一定夹角并相对固定，同时前手臂自然弯曲收回贴于肋间，拳置于下颏处；继续向内转髋，出拳臂微微张肩，由于惯性带动拳向前水平横摆（图 4-14）；转动的髋部随之制动其惯性带出拳臂产生制动，最终形成摆拳的合力（图 4-15）。

图 4-14　后手摆拳侧面

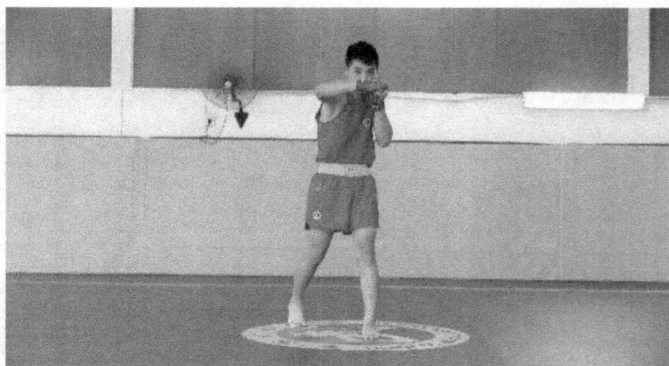

图 4-15　后手摆拳正面

应该注意的问题：

①摆拳上臂与前臂的夹角应根据击打距离来调整确定。

②摆拳不能用上臂带动前臂的方式，那样即成为甩拳，并容易使肘部受伤。

③当摆拳角度小于 90° 时，拳心向内向下；当角度大于 90° 时，拳心向外向下，这样不至于使腕部受伤。

（3）勾拳：勾拳在散手中是近距离攻击的拳法，它分为前手勾拳、后手勾拳两种，主要是在相互间对抗时使用，或是在与其他拳法的配合中使用，但使用率较低。对勾拳的教学宜先使受训者掌握后手勾拳，这是因为后手勾拳动作幅度大，易于掌握。在掌握后手勾拳之后再学习前手勾拳，较容易体会到勾拳的发力。

后手勾拳：从预备姿势开始，上体微向后向下转动，重心略降低并合胯；后脚蹬地挺胯，微向前向上转体，随之后手臂根据所击打距离加大角度向前、向上出拳，拳心向内，重心随之前移（图 4-16）；随着挺胯到位后的制动，产生的惯性使出拳臂制动，力达拳面（图 4-17）；出拳后肩部迅速放松，出拳臂借回降之力收回，成原来预备姿势。

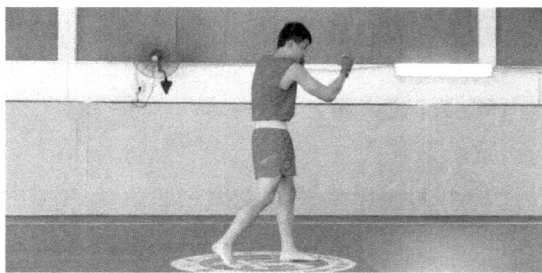

图 4-16 后手勾拳侧面

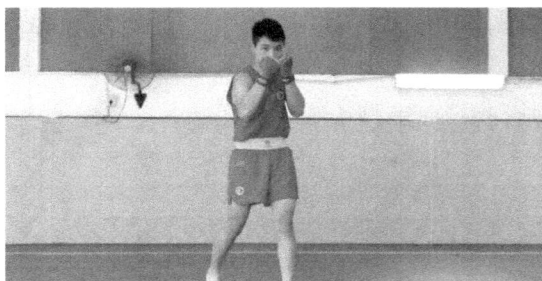

图 4-17 勾拳预备势

应该注意的问题：

①出拳时不可向后引拳，防止出现大的预摆，过早地暴露意图。

②重心如不能随出拳臂迅速前移，会致使上体后仰。

③不注意出拳后肩部的迅速放松，会使动作僵硬，不利于下一动作的运用。

前手勾拳：从预备姿势开始，上体微向外、向下转动，前腿微屈，扣膝合胯，前手臂收回轻贴于左肋部，前手拳自然置于左面颊外侧，重心偏于前腿；后脚蹬地，左胯向上、向内挺出，前手拳随挺胯动作向前上方击出，出拳臂夹角根据所击距离调整，拳心向内，微微内扣（图 4-18）；当挺胯到位即前腿基本挺直后马上制动，由于制动的作用击出的勾拳也随之制动，产生短促发力；随着挺胯制动后的肩部放松，拳也有弹性地收回，成原来预备姿势。

图 4-18 前手勾拳

应该注意的问题：

①出拳时肩部要放松，不能耸肩。

②挺胯时上体不能向侧后仰或挺腹。

③出拳前不能向后引拉拳。

（4）鞭拳：鞭拳在比赛中的使用率较低，但却不失为一种出奇制胜的拳法。鞭拳是弧线形攻击方法之一，因动作幅度大，所以有一定的技术难度。只有经过长期严格的训练，才能在比赛中减少盲目性，提高效率。鞭拳一般分为原地右后转身右手鞭拳、上步左转身左手鞭拳和盖步右转身右手鞭拳。

原地右后转身右手鞭拳：从预备姿势开始，身体以前脚脚前掌为轴，右脚蹬地向后旋转，同时前臂收回贴于胸前（图4-19）；身体继续旋转，当转动110°～120°时，右臂抬肘略与肩平，向后侧横向甩打（图4-20）。

图4-19　鞭拳预备式

图4-20　鞭拳

应该注意的问题：

①转体时，以头领先，以腰带动整个身体，不能停顿，并要保持重心的平衡。

②出拳时要以腰带肩，再由肩带动上臂和前臂把拳甩出，此时手臂不宜过直。

③可根据个人习惯以拳轮或拳背为着力点。

上步左转身左手鞭拳：从预备姿势开始，重心前移，后脚上步内扣在前脚前方30厘米左右，身体由腰带动向左后转身，前臂收回轻贴肋部；左脚蹬地，重心继续前移，以右脚前掌为轴继续转动，左脚离地随体转动；转体至270°左右时，原收回的前臂抬肘与肩略平，同时左脚在轴心脚前方着地；在上臂带动下左臂伸展，并向侧后方横向甩出。

应该注意的问题：

①整个动作要一气呵成，鞭拳甩出时不能耸肩，要保持好平衡。

②在出拳瞬间要避免由于惯性使鞭拳不能横向而是向斜下方击出的现象。

盖步右转身右手鞭拳：从预备姿势开始，左脚蹬地并向内、向后转身，前臂收回轻贴在肋部；由右脚前掌为轴心旋转，左脚在轴心脚后外侧着地，并以此为轴继续旋转；右手肘抬起略与肩平，由于旋转和肩的外张作用带动手臂伸展并横向甩出。

应该注意的问题：

①整个动作要快速协调，要保持好重心的稳定平衡。

②由于旋转幅度大，所以要掌握最后出拳时的高度和力点。

2. 基本拳法的辅助训练方法

基本拳法的辅助性练习是指根据专项技术所需的协调性要求，有针对性地进行辅助性的练习，以保证专项技术尽快准确地掌握。拳法的协调性辅助练习有以下几种。

（1）压肩练习：两脚并行站立，两手屈臂置于胸前握拳，随后右脚蹬地，左脚向前迈出，由腰带动右肩向左转动，同时直线出拳。动作不停，右脚向前迈出，收右拳，带动左肩向右转动，同时直线出左拳。以上动作连续不停成交叉步出直线拳，在出拳时腰要尽可能转动，两肩要有向前压低的意识。这是对直拳动作的身体力量调动的整体协调练习。

（2）转胯摆臂练习：两脚平行，两臂自然抬起，向内弯曲与肩同高，成合抱状。这时胯部向左右反复做平面的摆转，自然带动两臂做左右平行的摆动。在随后的摆动中，身体向左（右）转成预备姿势的角度。另一手放下或置于预备姿势的后手位置，左（右）手继续随胯的转动而平行摆动，这是摆拳动作和发力的基本练习。

（3）摇"8"字练习：预备姿势步型站立，两手轻握拳置于胸前，以腰为轴左右摇横"8"字。这是对勾拳动作和发力的基本练习。

（四）基本腿法

1. 训练基本腿法的注意事项

腿法在散手中占有很大比重，它主要包括蹬、踹、扫、摆、弹等技术。它是远距离对抗的主要方法，力度大，攻击力强。因在运用中也有其特殊性，为此在教学训练中要予以重视，才能提高腿法的实用效果。

（1）腿法在运动中典型地表现为不稳定平衡。使用各种腿法时，自身的基底范围已缩到最小，因此求得平衡的最佳方法是准确判断击点的空间位置和动作发力的有效距离，以及与暴露击打点的瞬间相吻合的时间效应。此外，当自己的腿法动作受阻或击空时，应当控制因受阻而产生的反作用力的传导或控制住因空击而产生的失衡现象。这种平衡能力是在反复多次的、对可能出现的各种失衡情况的自控练习中获得的。

（2）由于腿法的工作距离较长，动作幅度较大，所以在训练中尤其要注意动作结构的开始部分，就是不能养成在动作前有多余的或不合理的动作习惯，发动前的预兆要小，要有隐蔽性。

（3）有效的时空感觉是避免"空击"的主要因素，产生"有效"的结果则是与步法紧密配合的结果。所以在训练中，各种腿法练习都必须与步法有机地结合，做到腿法在不断的步法调整中表现出来。

（4）任何腿法在完成的过程中都必须考虑到要做好防守与再进攻的准备。

2.基本腿法的动作要领

（1）侧踹腿：侧踹腿分前腿侧踹、后腿侧踹两种，是散手中运用率较高的腿法，而前侧踹又多于后侧踹，它主要用于进攻与阻击。

前腿侧踹：从预备姿势开始，重心稍后移，上体保持原来姿势，前腿屈膝提起与胯同高，与上体成90°，小腿外摆，脚尖勾起微向外翻出（图4-21）；身体继续向侧后仰，同时展髋伸膝向前踹出，脚尖横向，力达脚掌的后三分之二处，此时支撑腿的脚后跟斜向前方；此时前手置于踹出腿的大腿上方，后手置于下颏前方（图4-22）。

图4-21　侧踹腿提膝

图 4-22　侧踹腿

应该注意的问题：

①踹腿是身体配合腿的屈伸运动，发力来自蹬地、展胯和快速伸直膝关节，要避免形成以膝关节为轴心发力的勾脚弹踢。

②完成动作的瞬间，从平面看，上体与腿基本保持在一条直线上，而不能低头收胯。

后腿侧踹：预备姿势开始，前脚尖外摆，后脚蹬地，重心前移，上体向左外侧转动，后腿在腰带动下屈膝提腿向前上方迅速提起，小腿向前方外翻，脚尖勾起，脚尖斜向上方；支撑腿以脚前掌为轴随之转动，使脚跟朝前方，上体向侧后仰，前手收回置于下颏前方，后手自然前伸置于准备踹出的腿的上方；上体继续向后侧仰，展髋，挺胯，带动大小腿伸展踹出，力达脚掌后三分之二处。

应该注意的问题：

①由于后腿侧踹的路线较长，稳定性较差，加之易受对方阻击，所以要求速度快，整体动作一气呵成。

②转体要到位，不然腿的前进路线就会歪斜，以致出现空击，容易给对方的反击造成机会。

③其他参见"前腿侧踹"的注意问题。

（2）正蹬腿：正蹬腿主要分为前腿正蹬、后腿正蹬两种，大级别运动员采取此腿法的比例较高。此外在相互抱缠阶段或在互打互踢时作为摆脱方法效果较好。

前腿正蹬：从预备姿势开始，重心微后移，后腿膝关节微屈，上体微后坐，前腿屈膝正面提起，脚尖勾起（图 4-23）；两臂微下落或回收置于头部两侧，两臂自然下垂护住两肋，同时送胯，带动大小腿向正前方水平蹬出，脚前掌下压，力达脚全掌（图 4-24）。

图 4-23　正蹬腿提膝

图 4-24　正蹬腿

应该注意的问题：

①屈膝上提膝关节要超过自己的腰部。

②出腿不能往下踏，同时避免弹踢现象。

③送胯出腿时上体不可后仰太多，以免减少打击力度。

后腿正蹬：从预备姿势开始，后脚蹬地，重心前移，后腿迅速向正前方屈膝提起，两臂下落回收，支撑腿微屈；提膝到位后送胯，带动大小腿向正前方蹬出，脚前掌下压，力达脚全掌。

应注意的问题与前腿正蹬相同。

（3）摆腿：摆腿的腿法，运用范围很广，按运动形式可分为侧摆踢和转身摆踢，其中侧摆踢又可分为前腿侧摆踢、后腿侧摆踢，转身摆踢又可分为前转身摆踢、后转身摆踢。

①侧摆踢。

前腿侧摆踢：从预备姿势开始，重心后移，上体微向右后转动并向后侧仰，两手臂下落，同时屈膝提腿，并向内扣膝翻腾，大小腿夹角保持在130°左右（图4-25）。

图 4-25 侧摆踢提膝

由转体翻骑带动大小腿向外侧前上方摆踢，在击打到物体的瞬间，小腿由于加速甩出与大腿基本成直线（图 4-26）；在翻胯出腿的同时，支撑腿以脚前掌为轴跟着转体，脚跟斜向前。

图 4-26 侧摆踢

后腿侧摆踢：从预备姿势开始，后脚蹬地，重心前移，上体左转，后腿膝关节微外展，收胯带动大小腿向前上方提起；支撑腿以脚前掌为轴随身体转动，同时后腿翻胯，上体继续向左侧后仰，大小腿夹角150°左右，随转体向右前方摆踢；摆踢腿踝关节绷紧，力达踝关节部位及脚背处，当接触到被击打物体的瞬间，由于大腿的摆动使小腿加速与大腿成直线。

应该注意的问题：

a. 摆腿发力的机制是以上体的转体后仰带动摆腿产生的。

b. 在完成摆踢动作前，膝关节不要超过身体中心线，当大腿与身体中心线成20°～30°时，小腿加速甩出，此时大腿随转体继续向中心线摆动以加大小腿的摆踢速度（图 4-27）。

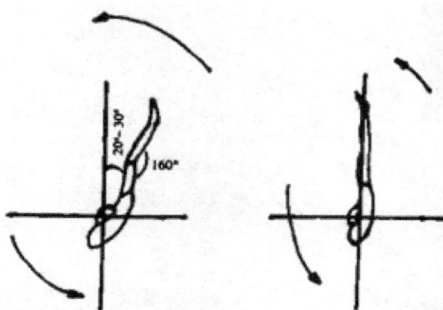

图 4-27　侧摆踢示意图

　　c.前腿侧摆踢的提膝也应与身体中心线成一夹角，一般在 5°～10° 以内，其他要求与 "b" 同。

　　②转身摆踢。

　　后转身摆踢：从预备姿势开始，前臂收回，重心前移，上体微向右下侧合转，以前腿脚前掌为轴，后腿蹬地向右后转身（图 4-28）；随转体后腿展胯，大小腿伸直由下往上、由后向前横摆，脚背绷紧，力达脚掌和脚跟（图 4-29）；摆踢腿至中心线后开始降弧，身体继续旋转至原来启动前的身体位置，摆踢的腿也落回原来启动前的位置。

图 4-28　转身摆踢预备势

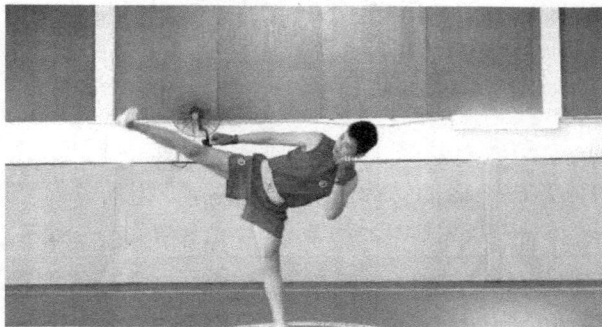

图 4-29　转身摆踢

前转身摆踢：从预备姿势开始，重心前移，后脚向前上步至前脚前方，脚尖内扣，身体内转，重心移至上步脚；以上步脚的脚前掌为轴，另一脚蹬地向左转身；随转身上体微向左侧下合，左腿展胯抬腿向后、向左、向前、向上横摆，脚面绷紧，力达脚掌或脚跟。

应该注意的问题：

a.无论是前、后转身的摆踢，都要挺胯绷膝，切不可收胯。整个转体摆腿的动作，上体与腿部要相对固定在一条直线上，上体不能低于腰部或过于后仰。

b.整个腿的摆动是一个弧线运动，弧线的最高点应在启动前预备姿势的正前方，即体位的中心线位置；收腿后，摆腿的脚应收回到支撑腿的后面，成原来的预备姿势（指原地转身后摆）或反架的预备姿势（指上步前转身后摆）。

c.前转身摆踢的上步可根据习惯或需要变为交换步转身摆踢的动作技术。

（4）侧弹踢：侧弹踢分为前腿侧弹踢、后腿侧弹踢，其表现形式与侧摆踢很相似，但发力机制不同，并且击打力度也小于侧摆踢。在实战运用中，两种技术的差异往往忽略不计。

前腿侧弹踢：从预备姿势开始，重心稍后移，前腿屈膝提起，膝关节正对前方；上动不停，支撑腿以脚前掌为轴微向右转，上体随脚转动也向右后侧仰，同时翻胯，随之以膝关节为轴，小腿迅速用力弹出，脚面绷紧，力达脚背；前手臂下落至弹踢腿上方，后手置于右胸前。

应该注意的问题：

①提膝后的翻膝、弹踢与支撑腿的旋转要一致。

②弹踢时上体要随踢腿方向转动，切不可向相反方向转动，以致出现"拧"的现象而减慢了打击速度和减小了打击力度。

③屈膝提腿时大小腿的角度可根据击打位置的高低而定。

（5）扫腿：扫腿分为前扫腿、后扫腿两种，是一种低位的攻击腿法，多在对手拳势猛烈、硬打硬上时运用。这里主要介绍后扫腿。

后扫腿：从预备姿势开始，上体拧腰下潜，前腿屈膝全蹲，以前脚掌为轴，同时两手在两腿之间扶地，后腿大致伸直（图4-30）；后腿伸直向侧后方弧形擦地后扫，扫腿超过正前方，在几乎回到原来启动位置后两手推地起立。

应该注意的问题：

①下潜蹲地与转体展胯要快速连贯，以身体转动带动扫腿。

②扫腿速度最快时的空间位置应是原来站立时的身体正前方。

③扫腿时脚尖内扣勾紧，力达脚跟和跟腱处。

④养成扫腿后迅速站立的习惯。

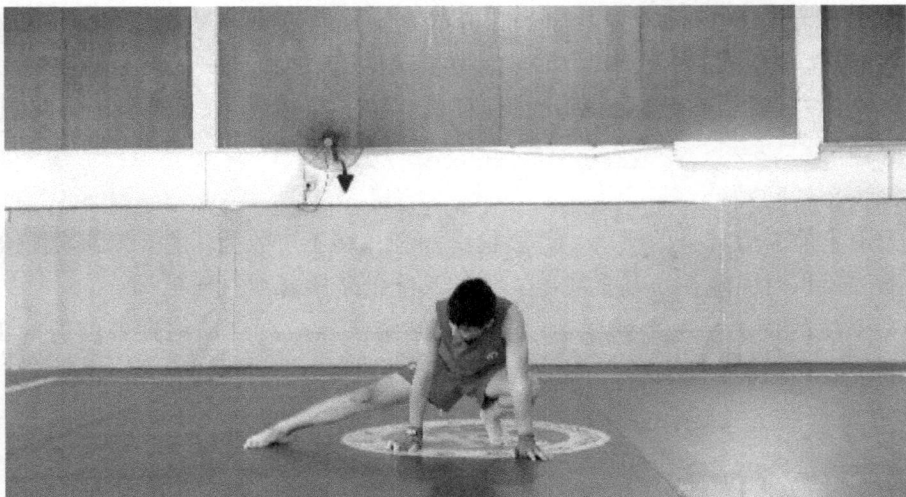

图 4-30　后扫腿

3.腿法的辅助训练方法

（1）分解练习：腿法的分解练习不同于拳法，它主要是指腿法的启动部分可进行单独的练习，目的是掌握动作启动部分的合理性和加强动作的突然性。例如，侧踹可先练习提膝加小腿外翻，侧摆踢可反复练习提膝翻胯。这种分解练习要求重复次数和速度。

（2）扶持式的完整动作练习：用手扶持某个物体，重复地做某一种腿法。开始可不强调速度和力度而注重动作的规格和要求，在动作能够基本不变形的情况下再要求速度和力度。

（五）基本摔法

散手中的摔法有别于其他项目的摔法，其特点一是"快"摔，二是几乎无"把"可抓，三是摔法可与拳法、腿法并用，这无意间就增加了摔的难度。由于成功的摔法不仅是得分的有效手段，还能给对手造成很大的精神压力，同时消耗对手的体力，所以摔法是必须认真掌握的技术，又由于散手摔法的特点，对其训练也提出了较高的要求。为了有效地指导训练，我们将散手摔法大致分为主动摔和接腿摔两类。

1.主动摔

指在散手对抗中主动运用摔法的技术。主动摔根据"把位"大致分为夹颈、抱腰和抱腿，这三个部分又可分为若干个具体的摔法。

（1）夹颈过背：甲方用前臂架在乙方的两臂内侧时，用右（左）臂由乙方右（左）

肩上穿过，屈臂夹住乙方颈部，同时左（右）脚背步至与右（左）脚平行，两腿屈膝，腰塌，右（左）臀部紧贴乙方小腹部（图4-31）；甲方夹住乙方颈部，低头用力将乙方从背上摔过，同时两膝猛向后蹬伸（图4-32）。

图 4-31　夹颈过肩摔

图 4-32　夹颈过背摔

应该注意的问题：夹颈要紧，背步转身要快，低头、蹬腿要协调、快速。

（2）插肩过背：甲方用前手臂从乙方相对的腋下穿过，背右（左）步至与左（右）脚平行，两腿屈膝，同时后手固定住乙方另一手臂（图4-33）；随之两腿蹬直，向下低头、弓腰，前手臂由侧后向前发力，将乙方摔倒（图4-34）。

图 4-33　插肩过背

图 4-34　插肩过背摔

应该注意的问题：插肩要快并要固定紧，背步转身要协调快速，低头、弓腰、蹬腿要连贯有力。

（3）抱腿前顶：甲方上步下潜，两手搂抱住乙方双膝关节处，用力回拉，同时用左（右）肩前顶对方大腿根或小腹部将乙方摔倒（图4-35）。

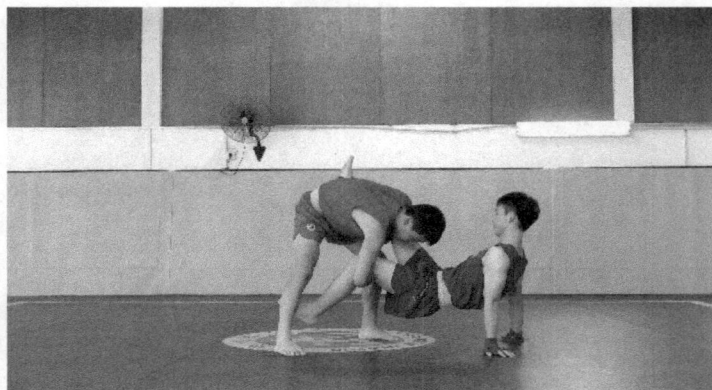

图 4-35　抱腿摔

应该注意的问题：下潜要快，抱腿要紧，两臂后拉与肩顶要协调一致。

2. 接腿摔

指在散手对抗中接住对方的腿法后运用相应的摔法将其摔倒。

（1）接腿涮摔：甲方接住乙方的左（右）腿，用手将其固定住，不让其挣脱。（图4-36）；甲方左（右）腿往侧后方撤一步，并固定住乙方的腿往怀里带（图4-37）；甲方双手固定住乙方的腿向下、向左（右），向上做弧形的牵引，将对方摔倒（图4-38）。

图 4-36 摔腿接脚

图 4-37 摔腿下拉

图 4-38 接腿涮摔

应该注意的问题：抓握对方腿时"把"位要准确、牢固，划弧牵引的动作幅度要大，要连贯有力，要牵动对方的重心。

（2）接腿别腿摔：甲方接住乙方的左（右）腿，用一手将乙方的脚踝关节固定住，用另一手搂抱住乙方的膝关节部位（图 4-39）；甲方左（右）腿伸至对方支撑腿侧后别对方，同时用胸部向外、向下压对方被搂抱的腿，把对方摔倒（图 4-40）。

图 4-39　接腿

图 4-40　接腿别腿摔

应该注意的问题：接腿要快捷、准确，要迅速把对方被固定的腿牵引至自己的右（左）肋部，以便于使用别腿方法，别腿、压腿要协调一致。

3. 摔法练习的辅助训练方法

（1）动作技术的"空摔"练习。对于初学者可将摔法动作编成脱离对手的单练动作，反复演练，以掌握动作要领和协调动作。

（2）进靶练习。即两人一对，一人作为"靶子"，另一人则用某种摔法反复进行抢靶到位的练习，不发力摔人。两人可根据量的安排交换练习。

（3）摔靶练习。两人一对，一人做摔靶者，另一人做配合者。摔靶者反复运用某个摔法将对方摔倒，要求动作与用力协调结合，然后根据训练量的安排进行交换练习。

（4）对抗练习。熟练掌握一定的摔法后，两人可先做相互"抢把"的练习，在此基础上可进行相互摔靶的练习。

（5）倒地练习。这是摔法的基本功练习，也是一种自我保护能力的培养。倒地练习内容很多，主要包括前滚翻、后滚翻、前倒、后倒、侧倒和抢背等。倒地练习是在练习摔法前必须进行的一项训练内容。

（六）防守技术

防守技术分为接触性防守和不接触性防守两大类。接触式防守主要是指阻挡、推拍、格架、截击等技术。不接触性防守主要是指闪躲、下潜、摇避等技术。

1. 接触性防守

（1）阻挡防守：这是一种较为低级的被动式防守技术。作为初学者对此应先于其他防守方法进行学习，其原因是能在抗击打的条件下锻炼有效保护自己的能力。

阻挡防守大致可分肩臂阻挡和提膝阻挡两种。肩臂阻挡主要用于对各种拳法和腿法的防守，提膝阻挡主要用于对各种腿法的防守。

肩臂阻挡：从预备姿势开始，前手臂收回与后手臂紧贴左右两肋，两拳护在头部两侧，含胸实腹，低头收下颏。

应该注意的问题：

①上述动作是在遭到连续打击时的防守方法，在遇到某一方面的攻击时可以用单臂阻挡防守。

②在承受打击的瞬间，肩臂甚至包括上体各部分肌肉都要迅速紧张，承受完打击随即放松。

提膝阻挡：从预备姿势开始，突然迅速屈膝提腿，关节高度大约与胯齐。同时前手臂收回与后手臂紧贴两肋，上体微沉。

应该注意的问题：提膝时要判断准确，动作速度要快，完成时要恰好到位，与对方的进攻产生抵消的力量。

（2）推拍防守：推拍防守是散手运动员训练时应掌握的基本技术，经过训练后，运动员在进入对方进攻区域时可不被对方击中，并能伺机反击，主要用于防守对方的拳法和腿法。推拍按方向可分为向外推拍、向下推拍两种。

①向外推拍：从预备姿势开始，前（后）手向左（右）做出横向推拍动作，同时在向外推拍的瞬间身体应有顿挫动作。

②向下推拍：从预备姿势开始，前后两手突然同时向下推拍，身体随之也有向下合的动作。

应该注意的问题：

①所有推拍防守技术在推拍时都不仅仅是手的力量，而是全身参与所产生的瞬间力量。

②推拍动作幅度不宜过大，一般在20厘米左右，动作要短促有力。

（3）格架防守：格架防守是散手中最常见的防守技术，具有改变对方进攻路线的作用，实际上就是破坏对方的进攻动作。格架可分为向斜上、向斜下和向下的防守动作。用于防守来自正侧面的各种拳法和腿法。这里只介绍两个格架动作，教练员可根据动作要领类推。

①斜上格架：从预备姿势开始，前手臂稍抬肘向斜上举起，前臂微内旋，同时低

头收下颏。

②下格架：从预备姿势开始，前手臂收回横于胸前，随之向腹部下方移动，上体微向下沉。

应注意的问题：

①格架主要是用自己的前臂来格挡对方的拳脚。

②格架动作的幅度不宜过大，用力时要表现出一种顿挫的劲。

（4）截击防守：截击防守是一种积极性的防守技术，它是在判断的基础上，提前阻截对方的进攻动作，或者破坏对方的进攻路线甚至使对方失衡，以利于反击。此外，截击防守在很多情况下可以直接得分，因此从运用的意义上来讲，截击是为了达到一种防守的目的，但就动作本身的意义来讲，则可以说是一种进攻技术。截击防守分为拳截击和腿截击两大种，其中又可分为若干个具体的运用方法。这里就腿、拳的截击防守各介绍一种，教练员可根据实践经验和技术发展趋势制定出各种具体的截击技术进行训练。

①腿截击：当判断出对方准备用侧踹或正蹬动作时，先于对方用侧踹或正蹬阻截住对方的动作路线，或直接攻击对方的得分部位，使之不能有效地完成进攻动作。

②拳截击：当判断出对方准备出前手直拳的同时出后手直拳，出拳路线则是沿着对方出拳臂上缘向对方延伸，直至击中对方身体的得分部位。

应该注意的问题：

①截击防守首先要建立在准确判断的基础上。

②截击动作要隐蔽、及时和突然，关键是动作前的果敢。

③有效地完成截击动作后可伴有其他的进攻动作连续实施，以增强进攻效果。

2. 不接触性防守

（1）闪躲防守：闪躲防守的技术要求较高，最主要的就是对对方进攻动作的准确判断和相应的动作反应，以及做出动作反应时身体的整体协调性。闪躲防守的技术强调的是"一张纸"技术，即闪躲时最佳的效果是离对方完成打击动作时只有一张纸厚的距离，意思是闪躲时以避开对方使之够不着为宜，无须在闪躲摆脱时过分地拉开距离，这样既可节省体力，又有利于及时反击。闪躲防守主要分为步法闪躲和身法闪躲两部分。步法闪躲在"步法"一节中已经涉及；这里主要讲身法闪躲，其主要包括侧闪和后闪等，主要用于防拳。

侧闪：从预备姿势开始，上体以腰为轴，向左（右）微转并向左（右）微俯身，两膝微屈，此时前手臂微收与后手臂同置于下颏两侧。

应该注意的问题：

①侧闪时不可耸肩缩颈或伸颈抬下颏。

②上体向侧面转体前俯不能过分，不能过于低头，眼睛要始终盯住对方。

后闪：从预备姿势开始，以腰为轴，前脚蹬地，重心后移，上体略后仰。

应该注意的问题：

①重心后移是向后水平移动，而不是向后上方移动。

②上体略后仰时下颌不可抬起，后仰幅度不可太大。

（2）下潜防守：从预备姿势开始，双膝弯曲，重心下降前移，上体略前俯，前手臂自然收回贴于肋部，两拳护于下颌两侧。

应该注意的问题：

①下潜过程中要始终保持收下颌。

②下潜的主要目的是防拳，所以对对方出拳动作判断要准确，动作要快。

③下潜后的反击多采用抱腿摔的方法，所以要有抱腿意识，同时要有防腿的意识。

（3）摇避防守：从预备姿势开始，上体以腰为轴做不规则的前后左右的摇摆，重心时有升降，两臂一般情况下轻贴两肋部，下颌微收。

应该注意的问题：

①摇避在有些时候是主动实施的，目的是上体和头部空间位置的不确定性能使对方动摇用拳的决心。

②摇避动作结束后多伴有拳的反击动作，为此要注意培养拳的反击意识。

三、基本技术的组合训练

组合技术是指把不同的攻防技术编串起来运用，但这种编串必须是建立在正确掌握单个动作技术的基础上，同时，由于组合技术是为了有效连续地攻击对方，所以进行技术的组合时，必须考虑它的合理性：一是第一击多半是为第二击服务，即既有试探和测距的作用，又可为第二次打击蓄劲；二是组合技术的运用能打破僵持的局面，甚至变被动为主动，并起到把对方"圈"起来打的作用；三是组合技术要把攻中有防、防中有攻的因素考虑进去；四是组合技术的编串要充分考虑到轻重缓急的节奏和击点多方位的因素。

组合技术可分为进攻技术组合、防守技术组合、攻中有防组合和防守反击组合四类。组合技术编串一般以二至三击为宜，现举例提示如下。教练员亦可根据实际情况自行组合各种技术并指导训练。

（一）进攻技术组合

1. 拳的组合

前直拳—后直拳；前直拳—后摆拳；后直拳—前摆拳；前直拳—后勾拳；后直拳—前勾拳—后摆拳。

2. 腿的组合

前腿低弹（摆）踢—后腿侧踹腿；前腿弹（摆）踢—后腿弹（摆）踢；前腿正蹬—后腿正蹬—前腿侧摆踢；后腿侧摆踢—前转身摆踢。

3. 拳腿组合

前腿低弹（摆）踢—后直拳；前直拳—后直拳—后腿正蹬；后直拳—前腿摆踢—后摆拳；后腿摆踢—后摆拳。

4. 拳腿摔组合

前腿侧踹—后直拳—下潜抱腿；前腿低弹（摆）踢—后直拳—抱腿前顶。

（二）防守技术组合

1. 手的防守

左上格架—右上格架—左下格架；后手推拍—前臂肩肘阻挡。

2. 手与腿的防守

前腿提膝—后手推拍；双手向下推拍—前腿提膝。

3. 接触式加不接触式防守

左（右）推拍—摇避；后闪—左（右）格架；左（右）格架—下潜。

（三）攻中有防组合

1. 拳法与防守

前直拳—后闪；后直拳—下潜；前、后直拳—摇避；前摆拳—后手推拍。

2. 腿法与防守

前腿侧踹—后闪；前腿摆踢—后手推拍；前腿正蹬—后闪—双手下推拍。

（四）防守反击组合

1. 手的防反

后手推拍—前直拳；前手下格架—后直拳；双手下推拍—后摆拳。

2. 腿的防反

前腿提膝—前侧踹；前腿提膝—后腿正蹬。

3. 手加腿的防反

双后下推拍—后腿摆踢；前腿提膝—后直拳；前手下格架—前侧端。

4. 加摔的防反

左（右）格架—下潜—抱腿（单、双）摔；后闪—下潜—抱腿摔；接侧摆踢—抱腿别腿；接正蹬—挑钩子。

四、散手基本技术训练的方法

散手训练是一个由浅入深，由易到难，从简单到复杂，从个人技术训练到实战对抗的循序渐进长期训练过程。为此，散手教学训练经常使用以下练习方法。

（一）先讲解示范后练习

教练员或者教师讲解动作要领之后，让学员了解动作要领的重点与难点、路线与方向 ，开始完整、分解、完整示范动作，反复讲解难点，并及时发现和纠正学员学习过程中的错误动作。重点要求体会动作的要领、起止的路线与方向、作用力点以及发力的动力机制。此时的教学训练不应要求动作的速度和力度，只有不断反复练习，不断强化学员的动作规划意识，才能使之形成正确、规范的动作范式。

（二）动作与步法结合练习

在教练指导下，原地掌握了规范动作后，进行相应步法与动作相结合的练习。动作与步法结合的原则是拳到步动、腿到步动，结合步法训练的目的是保持在动态中的平衡和提高行进间完成各种攻防动作的能力。在摔法中则是"足进肩随即拧腰，套封插别就见跤"。

训练的重点就是要解决身体各部的协调配合问题，保证及时、隐蔽、准确地完成各种攻防动作战略构想，达到远踢、近打、贴身摔目的。

（三）模拟练习

模拟练习多用于防守和防守反击技术的训练。为提高个人、组合、随机组合的运用能力，由教练员或助手使用规定的方法反复地向学员递招，而练习者则根据递招的具体情况做出相应的攻防动作，以此来提高反应速度，建立起稳定的条件反射，直至动作技术的运用进入自动化阶段。

（四）模拟空击练习

模拟空击练习是熟练自如地掌握动作技术的基础上进行个人、组合、随机组合空击的训练方法，以此来加强和改善神经传导系统信息的传递功能，进而提高动作的应变能力和反应速度。"空击"练习可根据掌握技术的程度分为几个步骤或阶段来进行模拟练习。

第一，个人空击模拟练习。这是针对某种拳（腿、摔）法或防守方法结合步法反复练习的方法，以提高模拟空击某一类技术掌握的水平。

第二，个人组合技术模拟空击。把进攻和防守中的某几种方法编串起来反复练习，以提高组合技术运用的模拟空击协调能力。

第三，随机组合模拟空击。通过假设中的对手，运用随机的组合技术进行想象中的攻防练习，以提高技术模拟空击运用的能力。

（五）不接触式的攻防练习

不接触式的攻防练习可分为一攻一防式到相互攻防式，还可根据训练要求运用规定或随机的个人、组合、随机组合的技术进行练习，但动作的速度要与实战水平近似。在排除阻抗条件的前提下，两人进行攻防练习，目的是提高对对方攻防动作的判断和及时做出相应的动作反应的能力。

（六）打靶练习

打靶练习还可根据要求分为技术靶、战术靶和素质靶。技术靶是通过打靶来体验和规范单体及组合技术的练习方法；战术靶是根据假定情况有针对性地找出规定或随机的打法的练习方法，以提高对抗中的战术意识；素质靶则是以提高动作速度、打击力量和专项耐力为主要目的练习方法，至于在打素质靶时需要解决某项素质的问题，则应根据训练的内容与计划来作出安排。打靶练习分为固定打靶和活动打靶两种。固定打靶主要是提高动作的力量和耐力，活动打靶主要是提高反应速度、距离感、准确度时间差。

（七）实战练习条件训练

实战练习条件是指实战是有条件限至的情况下，为了适应不同情况需要，根据阶段训练内容以及为提高某些运动员的某种能力而设置的一种常见的训练方法与手段，具有针对性强，是进行实战的前提与基础。实战条件大致可分为拳的实战、腿的实战、摔的实战、拳与腿的实战、拳与摔的实战、腿与摔的实战六种，这其中还可根据具体的训练内容和比赛要求进行细化。

第三节　散手身体训练内容与方法

一、发展力量素质常用的方法

（一）发展最大力量常用的方法

1. 发展四肢最大力量常用的动作

（1）杠铃屈臂：两脚左右开立，两手反握杠铃提至腹前，以肘关节为轴做两臂屈伸动作。

（2）卧推杠铃：仰卧在长凳上，做卧推杠铃动作。

（3）负重深蹲：肩负杠铃，深蹲起，蹲起时做提踵动作。

2. 发展腹背肌最大力量常用的动作

（1）高翻杠铃：半蹲正握杠铃，提至胸前，翻转腕关节成胸前握，然后放下。

（2）负重收腹：仰卧，两脚固定，两手持杠铃置于头后，做收腹动作。

（3）负重俯卧体后屈：俯卧，两脚固定，两手持杠铃片置于头后，做身体抬起动作。

3. 发展全身性最大力量常用的动作

（1）抓举杠铃：杠铃平行放于两小腿前面，两手虎口相对撞杠，以一个连续动作把杠铃上举至两臂在头上完全伸直。

（2）挺举杠铃：以一个连续动作把杠铃提至肩际，两腿平行伸直保持静止状态，先屈腿预蹲，接着用伸腿伸臂动作将杠铃举起至两臂完全伸直，两腿收回平行保持静止。

（二）发展速度力量常用的方法

（1）卧推杠铃：负荷110%～150%，加助力推起，加保护慢放下。

（2）负重弹跳：负重沙袋或杠铃，结合各种步法做连续弹跳。

（3）握轻哑铃直拳：手握轻哑铃或其他短铁棒，成实战姿势，做各种拳法练习，应和不负重交替进行练习。

（4）握拉力器（橡皮带）直拳：单手或双手握拉力器，拉力器的另一端固定，成实战姿势直拳。

（5）负重做腿法练习：腿系绑腿沙袋，做蹬、踹、弹等各种腿法练习。

（三）发展力量耐力常用的方法

（1）俯卧撑：身体俯卧，两手屈臂支撑，立即用力伸直。两手也可握拳或用十指撑地，以增加练习的难度。

（2）推小车：直臂俯撑，身体挺直，由同伴握其双踝抬起他的身体，做用双手着地快速向前爬行的练习，或两手同时推离地面向前跳行。

（3）俯卧两头起：俯卧在垫子或长凳上，两臂前伸，两腿并拢伸直，两臂和两腿同时向上抬起成背弓，然后积极还原，连续练习。

（4）肋木举腿：背靠肋木，两手抓握横木悬垂，做收腹举腿动作。

（5）蹲步换踢：屈膝全蹲，起立后做一腿侧弹踢动作，两腿交替进行。

（6）单杠引体：两手正握单杠，做引体向上。引体向上时，下颏要高过横杠拉至乳头，才能最有效地发展背阔肌。上拉时不要摆动或蹬腿，脚上可系重物，反复练习。

二、提高速度素质常用的方法

（一）打移动靶法

教练员或同伴拿靶，在移动中突然示靶，运动员应根据不同靶位，快速作出反应，选择相应的组合动作打靶。教练员可以用靶反击，让运动员迅速做出防守动作，准备下一次击靶。

（二）条件实战法

规定一方主动进攻，另一方防守反击，防守反击的一方要根据主动进攻一方的动作，做出选择性反击动作；也可先规定进攻动作和防守反击动作，然后过渡到任意进攻与防守反击。

（三）实战和比赛法

实战和比赛是训练散手复杂反应的最好方法，并且要求经常与不同的对手进行实战，以增加身体刺激，培养队员随机应变的能力。

（四）"影子"训练法

又称空击四练法，即用想象对手或用自己的影子，做各种防守与进攻的方法。

（五）负重训练法

腿绑小沙袋或手握小铁棒，做空击动作。

三、发展耐力素质常用的方法

（一）台阶跑

每组持续 10 ～ 12 分钟，做 2 ～ 3 组，间歇 3 ～ 5 分钟。

（二）越野跑

强度以心率为指标，控制在每分钟 150 次左右，负荷时间 30 ～ 60 分钟。

（三）跳绳

同"台阶跑"。

（四）空击

采用各种进攻与防守动作练习；要求动作快速、连贯、协调，间歇时间短；负荷时间 2 ～ 3 分钟，做 5 ～ 8 组，间歇 1 分钟。

（五）打沙袋

用各种手法和腿法击打沙袋，要求同"空击"。

（六）打脚靶

用规定动作，前进、后退打靶，要求同"空击"。

（七）坐桩

采用实战或条件实战，由一人"坐桩"，连续 3 ～ 5 局，每局 2 ～ 3 分钟，间歇 1 分钟。每局换一体力充沛者与其对阵。

四、发展柔韧素质常用的方法

（一）肩臂练习

1. 压肩

两臂、两腿要伸直，振幅应逐步加大，压点集中于肩部。

2. 交叉绕环

两臂伸直上举，左臂向前、向下、向后，右臂向后、向下、向前，两臂同时于体侧划立圆绕环。练习时可交替进行。

（二）腰部练习

1. 甩腰

要求幅度由小到大，充分伸展背和腹肌。

2. 体后屈

运动员跪坐在垫上，两腿并拢压在臀部下，身体向垫子上仰卧。

（三）腿部练习

1. 压腿

分正压、侧压和后压三个方面，将腿放一定高度上进行练习。

2. 踢腿

可扶把踢，也可在行进中踢。常用踢腿方法有正踢、侧踢、后踢和摆踢。

3. 劈叉

前后劈腿时，同伴帮助压后大腿根部；左、右劈腿时应将两脚垫高，自己下压或由同伴扶髋关节直压。

五、发展灵敏素质常用的方法

（一）徒手练习法

1. 弓箭步转体

双腿并拢，自然站立；向前迈一侧腿呈弓步，前腿小腿垂直于地面，大腿平行于地面，后腿脚尖朝前与膝关节在同一方向；双臂伸直前平举于胸前，掌心相对，向腿一侧转体，打开手臂；略作停顿，然后还原到胸前，回到起始状态；换腿向前迈出，做另一侧转体。

2. 立卧撑转体跳

由俯卧撑姿势开始，然后双腿屈膝抬大腿成全蹲；起立后双脚蹬地，快速纵跳，同时双臂上摆，在空中转体。

（二）双人练习法

过人：在直径 3 米的圆圈内，二人各占半圆。一人防守，另一人设法利用晃动、躲闪等假动作摆脱防守者进入对方防守区。不准拉人、撞人。

（三）躲闪摸肩

二人站在 2.5 米的圆圈内，做一对一巧摸对方肩部的练习。

（四）游戏法

1. 贴烧饼

先将运动员分成若干组，每组两人环形站立，另设两人一追一逃，逃者若背贴于某组内环第一名前面，则该组最后一名便成为逃者。如逃者被抓住，则改为追者，反复练习。

2. 打"小鸟"

运动员分成两组，甲组站立在场地中间做被打击目标——"小鸟"，乙组围成圆圈，持排球或小沙袋等轻器械向"小鸟"投射。"小鸟"被击中下肢部位者下场，全被击中后与乙组交换练习。

六、增强击打力量常用的方法

（一）打沙袋

采用散手技术中各种动作击打沙袋，击打时注意着力点正确（如直拳以拳面接触沙袋，横踢腿以脚腕至小腿下部接触沙袋），击打部位准确，发力充分。还可结合步法练习。

（二）打脚靶

结合步法，用各种方法击打脚靶。

（三）打墙靶

练习者可将一块垫子固定在墙上，高度适宜，练习各种直线性技术动作的发力。

（四）打木桩

是武术的一种传统练功方法。可采用各种方法击打木桩，一方面提高打击力；另一方面提高着力点部位的承受能力。

七、增强抗重力的训练方法

（一）拍打功训练

1. 自我拍打

自己对自己的要害部位和易伤部位进行拍打，如拍打手臂、腹部和胸部。

2. 相互拍打

两人相互拍打对方的要害和易伤部位，如武术中常采用的"八大靠"和横踢腿拍打对方的腹部和后背。

（二）倒地功训练

前扑、虎扑、抢背、后倒屈身起、后倒摔、侧倒摔。

参考文献

[1] 孙永武，丁兰英，徐诚堂.散打 [M].福州：福建科学技术出版社，2013.

[2] 中国国家体育总局.中国教练员岗位培训教材：武术（散手）[M].北京：人民体育出版社，
1999.

第五章　武术运动损伤与预防的『医』

第一节　概论

　　武术运动损伤与预防是武术运动与祖国医学相结合的传统实用性知识，属于运动医学范畴，近年来被列为武术专业的主要课程。它是在研究祖国医学，重点是骨伤科的基本理论知识和技能以及现代医学知识方法的基础上，主要针对武术运动中常见的损伤防治和恢复训练，以达到预防伤病，使之有效地强身健体和提高武术运动成绩。它的内容很广，具体包括：武术运动与运动损伤，武术运动损伤的基本原因、分类、特点、预防原则、诊断、急收、论法、按摩和常见运动损伤、康复训练等。

一、目的和任务

　　（1）使武术专业学生了解和掌握武术运动中常见的运动损伤的发生、发展规律和防治以及按摩、康复训练的基本理论知识。

　　（2）通过学习和实践，武术专业学生初步掌握常见武术运动损伤的预防、识别和应急治疗、康复训练的方法，以及按摩的基本知识和技能。

二、学习要求

（一）学习广泛的医疗卫生知识

　　损伤、预防、按摩等涉及祖国中医学、中药学、推拿学、骨伤科学和现代运动医学、运动生物化学、运动解剖学、运动生理学、运动生物力学、卫生学等各门学科。所以学习它要求有生命科学和临床医疗卫生知识，如果再深入一步还需有一些病理学、药理学、内科学、外科学的知识，因此要学好这个课程，必须抓紧时间学习广泛的医疗卫生知识，理论结合实践。

（二）要求反复实践

　　按摩的实践性很强，不但要学习按摩的理论知识，更主要的是注意实际操作能力的培养；在操作中不仅要有劲、有耐力，还要有手法技巧。因此要求多学多练，在反复的实践中去理解掌握。

（三）要与武术运动的特点相结合，搞好运动中的观察和急救

要了解学习武术运动的损伤就必须熟悉掌握武术运动特点规律，并在运动中进行敏锐的观察，才能熟悉、掌握、分析运动中损伤的发生情况、受伤的机理、发生和发展的规律以及做好急救工作。现场急救是治疗中一个十分重要的环节，要求及时且方法得当，这需要平常多练急救方法，练就过硬的功夫，才能达到急救救生的目的。

第二节　武术运动与骨伤科、医疗保健的渊源

武术是我国传统的民族体育项目，它的发生、发展与中医骨伤科、医疗保健有着不可分割的历史渊源。武术是一门健身性、搏击性很强的运动，如练之不得法，反会伤身。古人早就认识到了这一点，并十分强调武术的运动卫生与医务监督。《少林拳术秘诀》云："或有问于觉远师曰：'师尝言技击之术，小之则足以强身保体，大之则足以却病延年。尝见乡里间年少子弟，有专力技术，而面黄肌瘦者；更有因而渐瘵病而死者。此何敬欤？'师曰：'此非技术之不善，乃不知用力之害。……故此种人常有因习技术而妄用其力以残身而陨命者。……欲求技术之精，总需由渐而近，叙次而入，切不可求速，求速不仅有不达之弊，而于体魄上受无穷之害。'"由此可见，自古就强调武术锻炼必须讲究科学性，反对蛮干。历代武术家就充分应用了中医理论来指导武术技击，并特别注重"精、气、神"理论。在武术活动中特别重视"精、气、神"的保养和锻炼，认为练功时注重养精、调气、摄神，才能"精满则气壮，气壮则神旺，神旺则艺强"。

武术注重运动卫生及医务监督，还体现在将医药具体用于锻炼实践，如武当松溪派就讲"药"主要分为四个类型：第一是经常加入食物中服用，从而促进身体强壮为练武功打下坚实的基础；第二是练某些特殊功法时，原用一些特殊的药物来促进练功；第三是用以促进锻炼"外功"的药，如练"排打功"时用洗手丹之类的药；第四是用以治疗内、外运动创伤的药物，如郑怀贤教授的中药伤科方剂就是很好的例子。历代武术家将医药具体用于武术实践积累了丰富的经验，如少林武术中广传于世的"练功补养方""少林伤科救治秘方"等，对促进武术练功和防治运动创伤都有极好的功效。

正是因为武术运动很注重运动卫生与医务监督，故自古以来习武之人多善伤科治

疗，有"医武不分家""未习打先习医""能杀人者，必能生人也"的谚语，从而使武术与医学结合得更加密切。"习武者固兼治伤科，而为伤科者，亦多兼习武力；因伤一道，固非如寻常内科之仅持方案汤药而治病也。接骨上髃，固有赖于武力，而涤伤打箭，亦全恃乎手法。……故凡世之以伤科著名者，类皆武术名家，此非无因也。予谓习武事者，须知医伤，习伤科者，必治武事。互相为用，始免舛误！"这段论述就充分说明医武之间的关系。

武术与中医骨伤科治疗存在紧密联系还有一个重要原因，就是古今以来武人多同时学医，所以过去武人们有些能在卖艺时附带行医售药，以谋生计。点穴、拿脉、接骨作为"少林七十二艺"之"三诀"，在历代武林中既作为搏击手段，也作为医疗手段。我国这种在特定的历史条件下形成的中医骨伤科学也有人称为跌打科，具有鲜明的民族特色及其优越性，形成了一整套科学的伤科治疗理论体系：在病因上注重内、外因的辩证关系；在治上则强调动静结合，功能快复，在治法上有着"机触于外，巧生于内，手随心转，法从手出"的独特风格，从而形成独具一格的武术正骨按摩法。

近年来，将气功练习用于临床治疗疾病，更是发展了武术的治疗手段和范围。近代著名武术家如杜自明、郑怀贤、王子平、王侠林、万赖声等几乎毫无例外都是享有盛誉的骨伤科专家。这种习武之人善行医的现象，构成了中国武术这一民族体育领域又一鲜明特色。

武术与医疗保健之间更有其不解的历史渊源。早在武术萌芽阶段，人们就不仅将其当成搏击手段，而且也将其作为健身祛病的医疗体育手段。《吕氏春秋·古乐》云："昔陶唐氏之始……民气郁闷而滞著，筋骨瑟缩而不达，故作为舞以宣导之。"，这些"舞"不单能训练军事格斗技能，《礼记·会元》阐述了它另一种功能"均调血气而收束其筋骸，调畅精神而涵养其心术"，就是说练武具有健康身心的医疗价值。

汉代名医华佗自叙云："吾有一术，名五禽之戏。一曰虎，二曰鹿，三曰熊，四曰猿，五曰鸟。亦以除疾，兼利蹄足，以当导引。"这种主属医疗体育范畴的五禽戏，虽然不是武术，却给后世仿生象形拳以一定影响。形意拳的产生与中医阴阳五行、脏腑筋络等理论密切相关，其来源特点受中医养生术中吐纳导引的重要影响。此外，太极拳、八卦掌等与医学关系也相当密切，更是与医疗保健有重要关系。

此外，武术界有一种流传很广的说法，"拳起于易，理成于医"。它高度概括了武术理论与医学之间的紧密关系。"拳起于易"指武术同医学一样受《易经》等古代哲学的重要影响；"理成于医"则明确指出，武术理论的形成直接源于中医学。例如，经络穴位学说与武术的关系更密切，武当拳中的松溪派流传的练拳口诀云："若要拳法通，须知任督冲，带脉亦当练，旋转在其中，冲脉讲猛式，闪击归其功。"明确指出必须弄懂"督脉、带脉、任脉"等中医经络学说，并以之指导练拳实践，才能取得功效。更重要的是对于中医经络学说，几乎各种武术流派都强调要按照一定时辰来进行锻炼，认为只有这样才能获得最好的功效。武术选择练功时间的理论基础，实际上就是中医子午流注学说。祖国医学十分重视人与自然的周期变化关系，认为昼夜、四季、年月变化是人体生理机能、生化机能变化的要因，人体只有遵循和掌握这个生物规律性，"天人合一"，才能身体健康、延年益寿。

中医脏象学说也同样构成健康武术的重要理论基础。《黄帝内经·素同·灵兰秘典论》云"故主明则下安，以此养生则寿"。中医认为"心为君主之官，主神明"，中医所谓的"心"很大成分上指中枢神经系统的机能。武术充分应用这一理论，强调"心"对运动的重要意义，主张武术锻炼应该在"心"（意念）的指挥下才能达到运动的高深境界。

中医其他许多理论如"营卫""气""血""津液"等，大多融汇于武术的基础理论之中，构成了武术的运动生理、病理、解剖、心理等各方面的传统拳理。综上所述武术同医学之间有着密切的关系。

第三节　武术运动与运动损伤

武术运动是我国民间传统体育项目，由于武术运动的革新和发展，动作难度不断提高，在武术训练和比赛中也可发生损伤。

实践证明，运动损伤的发生，与运动项目的特点有密切的关系。因此，了解各项主要运动发生损伤的基本规律，对预防运动损伤有着重要意义。

一、武术运动损伤

运动性伤病的防治是运动医学的重要组成部分，其主要任务是预防和处理各类运动中的伤病问题。通过科学研究、调查、分析等，协助教练员、运动员改进运动条件，改善教学训练方法，以提高训练效果和运动成绩。这就是运动伤病的防治与一般伤病的防治的基本区别。武术运动的运动创伤是常见运动伤病的一部分，它既具有一般运动创伤的共性，又具有武术运动自身特点有关的特殊性，即个性。目前专门论述武术运动伤病的专著尚少见。要想学好武术运动创伤的防治，必须先熟悉一般运动伤病的防治规律。在掌握好运动创伤共性的基础上，掌握好个性。

二、武术运动损伤的特点

武术运动的主要内容分为套路和攻防格斗。其损伤性质程度都有所不同，与其他运动项目相比有其特点。

（一）套路中发生的损伤

套路的练习和比赛过程中，以踢、打、摔、拿、击、刺等动作为主，需要较好的柔韧性和动静结合，所以多以肌肉拉伤、关节扭伤、软骨劳损及意外损伤为主。

1. 肌肉拉伤

肌肉拉伤的发生率最高，多见于大腿后群肌，其次是内收肌群，常因正压腿、正踢腿和劈叉等动作过多，或准备活动不够，用力过猛，局部负担过重、训练过度而发生。腰肌劳损是在做旋子、腾空转体、后踢腿等动作中腰部负担过大，腰背肌训练不够所引起的。

2. 关节扭伤

关节扭伤的发生率为第二位，以踝关节扭伤为最多，其次为膝关节，骶髂关节，上肢发生扭伤较少。常由跳起腾空后，落地动作不稳，技术动作错误及场地不合要求所致。

3. 髌骨劳损

武术讲究"动迅、静定"，支撑脚静止，而上体仍在移动；在做虚步、弓步、马步时，使膝关节处于半蹲位；再加上常做起跳落地等动作，使膝关节负担过重，易发生扭伤，如运动时掌握不当，就容易产生髌骨劳损。

4. 意外损伤

对练时，常因技术动作错误，队员之间配合不好，思想不集中，动作不协调，器械故障等，可被器械打击或刺伤。

（二）攻防格斗中的损伤

格斗中以打、掌击、脚踢、快摔等动作为主。对抗性、惊险性、致伤性较强，所以较一般运动发生的损伤多，更严重，如医疗监督跟不上有时可危及生命。可发生的损伤有：头面部损伤，如眼挫伤、眉裂、耳伤（茶花耳等）、口腔黏膜伤、牙齿断裂、脱落，鼻粘膜出血、颧骨骨折；内脏损伤，如肝、脾破裂；颅脑损伤，如"击昏""击醉"；还有阴囊血肿、脊柱损伤，甚至"急性死亡"。

第四节　运动损伤的基本原因

　　为了预防和治疗运动损伤，必须了解其发生的主要原因，以便采取有效的预防措施，把运动损伤的发生率降到最低。引起运动损伤的原因，归纳起来有以下几方面。

一、准备活动不适当

（一）准备活动不充分

　　运动员准备活动不充分时，神经系统和内脏器官没有充分动员起来，微循环状态不良，肌肉伸缩能力欠佳，力量不能很好发挥，动作不协调，容易受伤。

（二）准备活动量过大

　　运动员准备活动量过大，容易发生疲劳。当进入正式运动时，身体机能不是处于良好状态，而是有所下降，此时容易发生动作失误而致伤。

（三）准备活动内容安排不当

　　准备活动的内容与运动项目的基本内容结合得不好，或缺乏专项准备活动。运动中负担较重部位的机能发挥得不好，容易受伤。

（四）未掌握好准备活动的时间

　　准备活动时间距离正式训练或比赛的时间过长。当进行正式运动时，准备活动的作用已经消失，等于缺乏准备活动。

二、专项水平不够

　　训练包括一般身体训练、专项技术训练和战略战术训练。训练内容不全面是发生外伤或使外伤加重的重要原因。身体素质差，技术训练不够，动作要领掌握不好，技术动作不熟练或有错误，如跳高时，过杆后不能保持身体平衡，落地动作不正确，可造成关节损伤，甚至前臂骨折。

三、违背训练原则

　　训练应该遵守训练原则，有节奏有系统地进行。不按系统训练与循序渐进的原则，急于求成，过早做高难度动作，难免因动作错误而造成损伤，甚至运动员在有伤病或疲劳的情况下，过早参加训练或比赛，不仅会使旧伤加重，而且容易引起新的损伤。

四、竞赛组织安排不当

比赛日程安排不当，比赛中临时变更比赛项目或时间，减弱了准备活动的效果。比如，在马拉松比赛时，开始较晚，选择了过硬的公路或在天气炎热时进行等，都能导致损伤。

五、竞技状态不良

由于训练过度，疲劳未完全消除，或伤病后过早参加训练、比赛，运动员生理机能相对较低，动作的协调性明显下降，注意力降低，机体反应迟钝，或心情紧张，在这些情况下，不仅可以引起旧伤加重，而且可能发生新的损伤。

六、其他

（一）对预防运动损伤的重要性认识不够

对预防运动损伤的重要性认识不够，这在有的教练员、体育教师、运动员、体育运动参加者中，都可能存在。有人认为运动损伤是小伤、小病，算不了什么，难以避免。青少年缺乏有关运动损伤的知识，且好胜心强、好奇心大，缺乏预防损伤的概念。

（二）设备不良

场地器材不符合卫生要求，也是发生损伤的原因之一，如田径场地不平，有碎石杂物，跑道太硬，或坑内有杂物；器械固定不良，质量不好，或器械的大小、重量与运动者的年龄、性别不适应等，都可导致伤害事故的发生。

（三）自然环境的影响

雨后场地湿滑，比赛时容易滑倒；暑夏气温过高，易产生疲劳和中暑；寒冬气温过低，肌肉僵硬，动作不协调，容易造成肌肉韧带的损伤或冻伤；潮湿闷热的天气，易出汗，影响体内水盐代谢，易发生抽筋；光线不足，影响视力；环境和空气污染，容易损害运动器官，尤其是损伤神经系统，使神经反应迟钝等，这些都是发生损伤的原因。

第五节　运动损伤的分类

为了便于采取有效的预防和治疗措施，将运动损伤作如下分类。

一、按损伤的组织结构分类

（一）软组织损伤

这类损伤即伤皮、伤筋、伤肉等，在体育运动中比较多见，各类运动项目均可能发生，如皮肤挫伤、擦伤、裂伤，肌肉挫伤、拉伤，肌腱扭伤、断裂伤等。

（二）关节与韧带损伤

有急性和慢性的关节与韧带损伤。其中以慢性关节、韧带损伤较多见，如足球运动员比赛损伤，网球运动员的肱骨外上髁炎（网球肘），排球运动员的髌骨劳损等。

（三）骨骼损伤

各种运动项目都可发生，以四肢骨折、脱位为多，脊柱骨折次之。上肢有投弹骨折、肱骨内上髁撕脱骨折、前臂尺桡骨骨折、腕舟骨骨折及肩关节脱位等。下肢可发生胫骨疲劳性骨折、胫腓骨双骨折、第五跖骨基底部骨折、脱位等。

（四）内脏损伤

跌扑时可损伤肝脾，产生大出血而危及生命，因而对季肋部损伤应仔细观察，及时诊断和处理。

（五）其他损伤

有时还会出现一些其他损伤，如眼挫伤、眉弓部皮裂伤、鼻挫伤、鼻骨骨折、颧骨骨折、牙齿断裂或脱落等。

二、按损伤时间分类

（一）急性损伤

这是一种突然引起的外伤，经常在训练和比赛中做某一动作时突然受伤。例如，跳伞落地时，姿势不正确，重心不稳，造成胸腰椎压缩骨折；在篮球比赛时，双方争夺篮板球，重心不稳摔倒，可造成踝部骨折、踝关节扭伤或第五跖骨基底部骨折等。

（二）慢性损伤

在运动创伤中，慢性损伤较多，而且与运动项目的特点有着密切关系，常由以下两种情况引起：

（1）急性创伤处理不当，伤后治疗不及时，伤病未愈就过早进行训练，多次损伤终于转为慢性。

（2）由于训练安排不当、局部训练过度或负担量过大而逐渐发生，如胫骨疲劳性骨膜炎、胫骨疲劳性骨折、腕舟骨疲劳性骨折、髌骨劳损、足球踝、慢性腱鞘炎等。

三、按损伤的程度分类

（一）轻度损伤

运动员不丧失活动能力，受伤后能继续进行训练的叫轻伤，如轻度擦伤、扭伤等。

（二）中度损伤

受伤后短时间内（一般为 1 ～ 2 周），不能按原计划进行训练，而需要治疗和暂时停止患部练习，或减少患部活动的叫中度损伤，如肌腱拉伤、小关节捩伤等。

（三）重度损伤

损伤后，较长时间不能参加训练和比赛，如各部位骨折、关节脱位、肌腱完全断裂、颅脑或内脏器官损伤等。

第六节　运动损伤的特点

在体育运动过程中发生的损伤，即为运动损伤。与工业损伤、交通事故、军事创伤相比，运动损伤有其自己的特殊性。根据北京运动医学研究所 2725 例运动创伤病案分析，肌肉、肌腱、筋膜的损伤占 60% 以上，骨折仅占 2.5%，关节脱位占 0.5%。有的损伤在急性期处理不妥或康复期训练过早而变成慢性损伤；多数患者是由于运动量安排不当，局部过度疲劳，使微细损伤逐渐积累而成为劳损病变。在体育运动中，运动员身体与器械接触，或与对手碰撞，常可发生擦伤、撞伤等小的创伤，因此运动损伤的病种有以下特点：软组织损伤多，慢性损伤多，小病小伤多。严重损伤和急性损伤相对较少，小痛和慢性劳损对非运动员来说，不妨碍一般工作，不影响日常生活，不引起重视。但是，对于从事体育运动的人特别是优秀运动员，就严重影响其运动训练、成绩提高及运动寿命，因小伤小病影响运动员的生理机能和运动技巧，其难以完成现代运动的高难度技术动作。这些伤病中，多数病期较长，缺乏有效疗法，不易彻底治愈。因此，运动医学工作者、教练员和运动员必须予以高度重视，把它作为运动损伤的防治重点，以促进训练水平和运动成绩的提高。

运动损伤可发生于各种组织，主要是肌肉筋膜、肌腱、韧带、关节软骨，其次是骨组织、神经组织和心血管系统。

一、软组织慢性损伤

肌肉筋膜伤占 22%，肌腱腱鞘伤占 12%，肩袖损伤占 5.1%，棘突骨膜类（主要是棘间韧带伤）占 4.3% 等。这一类慢性损伤最主要的病理变化是纤维结缔组织的损伤性炎症及变性。其中发生在腱止装置部分的微细损伤，又称肌腱末端病，是治疗最困难的运动创伤之一，如肩袖损伤、棘间韧带变性、髌腱损伤、半健半膜股二头肌腱损伤等。这些损伤的病理改变表现为腱的玻璃样变、纤维变、截断变、小动脉增生及硬化，有时变性的组织中出现钙化、骨化现象，因而治疗很难，尚需进行深入研究。

除上述部位外，脂肪组织及滑囊也可因慢性微细损伤而发生炎症，如膝的脂肪垫损伤、膝外侧疼痛症候群等。

二、关节软骨损伤

其主要病理表现为软骨的退行性变，如髌骨软骨病（10.51%）、各个关节创伤性骨关节病等。这种损伤可在一次急性外伤中发生（骨软骨骨折、软骨剥离），但部分系逐渐劳损致成。按北医资料，髌骨软骨病的 68%、足球踝的 64%、肘部骨关节病的 59% 是因劳损所致。这种软骨损害，大多数作者认为，软骨损伤后不能再生，或仅有不完全的再生，亦即一旦受伤就必然留下永久性损伤，因而治疗也较困难。这也是目前影响运动员健康，妨碍成绩提高与运动寿命的严重伤种，对其预防必须给以应有的注意。

三、骨组织的劳损

最常见的是疲劳性骨膜炎及疲劳骨折。可发生于腓胫骨、跖骨、足舟骨、脊椎椎板、髌骨、股骨与第一、第二肋骨。腓胫骨疲劳性骨膜炎及骨折发生率较多，跖骨、椎板次之。

这一类损伤，一般改变训练，减轻或停止局部负担，多可自愈或不直接影响训练；但发生在胫骨下 1/3 的鸟嘴样疲劳性骨折，一般愈合困难，发生后应完全停训。

骨劳损的另一类型是骨软骨炎，如胫骨结节骨软骨炎、跟骨骨炎、肱骨小头骨炎、髂骨坐骨骨类、足副舟骨损伤、脊椎椎体骨炎（不是青年性圆背）、手腕骨的骨软骨炎（舟状骨、月状骨及头骨）、耻骨软骨炎等。目前训练多由儿童开始，对于各种骨组织劳损的防治，从长远的角度来看，必须予以重视。

四、神经组织的微细损伤

脑组织侵性微细损伤而引起的脑病，如拳击引起的"击醉"（脑组织软化），国内虽少，但国外有不少报道。至于周围神经的微细损伤，近年来随着临床诊断技术的提高，发现的病例越来越多，如肩过度外展征侯群、尺神经麻痹、肩胛上神经损伤、腓神经损伤及单纯胸长神经损伤等。最近在研究腰背痛时发现，不少腰背痛的发生，是由于胸神经后皮支或腰神经后皮支（十二胸神经、下腹神经、臀上皮神经、臀中皮神经）受到劳损而引起症状的。

五、心血管系统的劳损

不少作者指出，运动员的过度紧张是心肌劳损的结果；也有些作者在提到骨骼、肌肉、肌腱劳损性改变时，都强调血运障碍的致病作用。以跟腱腱围炎为例，不少作者认为是先有血管损害，渗透性增加，血浆、蛋白及血球溢出，发生血管硬化，继而再产生各种腱组织的病理改变。

根据以上所述，在预防时，首先应对新伤做及时而正确的处理，更重要的是正确地安排运动员的训练以防各种组织的劳损。

第七节　运动损伤的预防原则

为了减少运动损伤的发生，避免伤害事故，保证运动训练和比赛正常进行，首要的任务是预防工作。根据产生运动损伤的基本原因，提出以下原则。

一、加强训练工作

在训练工作中，运动员要加强全面身体素质的训练和基本技术的训练，提高身体素质水平，正确掌握基本技术。没有全面身体素质的人，不宜从事专项训练，这是减少运动损伤的重要环节。事实证明，刚从事运动训练的运动员，由于全面身体素质差，技术动作不熟练，较训练有素的运动员，发生损伤的机会要多得多。因此，要预防损伤，必须加强训练工作，不断提高运动员的全面身体素质（运动能力）和专项素质，对预防运动损伤的发生有重要意义。

二、合理安排运动量

运动量安排过小，机体的运动能力不易提高；运动量安排过大，容易产生疲劳，或使运动器官局部负担过重，导致全身机能下降，协调性差，因而容易产生损伤。许多运动装置的劳损，主要由运动量安排不合理，局部负担过重所引起。为了减小这类损伤，教练员和运动员有必要了解运动损伤的基本知识，严格遵守训练原则，根据性别、年龄、训练水平、健康状况和各种运动的损伤特点，合理安排运动量，尤其是少年运动员和女运动员的运动量更应注意。少年儿童不宜过早进行专项训练，不宜进行过多比赛，或过早追求出成绩。合理安排运动量，对提高运动成绩和预防运动损伤有着重要意义。

三、认真做好准备活动

在训练、比赛或体育课前，应充分做好准备活动，这是防止运动损伤的重要措施。实践证明，训练或比赛前不认真做好准备活动，尤其是在寒冷季节，机体兴奋性低，肌肉、关节、韧带较僵硬，运动中容易发生损伤。因此，应根据训练内容、比赛情况、个人机体状况、气候条件，认真做好准备活动，严禁不做准备活动就进入正式训练或比赛。对运动中负担较大和容易受伤的部位，更应做好准备活动。

准备活动的时间与量，以身体觉得发热，微微出汗为好。准备活动开始时间不能过早或太迟。一般准备活动结束与正式运动的间隔，以 1～4 分钟为宜。在准备活动中，进行肌肉伸展练习，可以有效地预防肌肉拉伤。

四、加强医学监护工作

运动训练具有高度的科学性，与医学、生理学、卫生学、心理学等关系甚为密切。比如，身体机能状态不良，有伤有病仍坚持训练或比赛，容易引起损伤。因此，必须加强医学监护工作。

（一）做好新队员的选材工作

根据运动项目的特点，运动医师要协助教练员对被选拔者进行全面的身体检查，这对提高运动成绩，预防运动损伤有很大帮助。

（二）定期进行体格检查

对经常参加体育活动与专项运动的人，要定期进行体格检查。在参加重大比赛前应进行补充检查，如身体有病（包括较重的损伤或内科疾病）或体检不合格者，不能参加比赛。伤病初愈的人参加训练或上体育课时，应取得医生和教练员的同意。

（三）坚持自我监护

1. 一般观察

每天早晨数脉搏，记录自我感觉；每周测一次体重及心血管机能；随时注意有无厌食、睡眠不好、头晕、疲乏感等。如果早晨的脉搏逐日增加，自我感觉不良，成绩下降，机能试验时脉搏的恢复时间延长，是机能不良的现象，应请医师做进一步的检查，对女运动员要做好月经期监护工作。

2. 特殊观察

根据不同项目的特点和损伤发生规律，特别要注意观察运动器官的局部反应，如局部有无肿胀、发热，肌肉有无酸痛、僵硬，关节有无肿痛等。如有不良反应，应由医师检查，以确诊有无损伤或疾病。此时不宜练习难度较高的动作，更不能轻易加大运动量。

（四）建立运动损伤统计制度

为了进行有效的预防，必须建立运动损伤统计制度，及时进行运动损伤登记，以便分析创伤发生的原因，才能采取有效的预防措施。

（五）建立义务保健员制度

义务保健员要学习常见运动损伤的知识和医学、卫生学等基本知识；负责一般急救保护，宣传教育，对伤病及时进行登记；协助医生管理病员的治疗和做简单的检查。

（六）加强对运动伤病的管理

运动员的创伤有轻有重，有的不影响训练，有的则影响训练，而且损伤后，有一定的修复期。一般急性肌腱韧带损伤恢复、需要 3～4 周时间，脱位的恢复期需要 6 周左右，骨折的愈合和功能恢复需要 8～12 周或更长的时间。

运动员和其他体育爱好者受伤后，应及时诊治，并按损伤的性质和程度分类管理。轻伤可以继续训练，或减少伤部的负担；中等伤在医生指导下，短期休息几天后，可改变训练内容；重伤应完全休息，进行治疗，直到完全愈合，方可参加训练，凡重伤（如骨折、脱位、肌腱撕裂），未经医生许可，不准练习。对经常受伤的运动员，医生应和教练员取得联系、共同研究，找出受伤原因和预防措施。

五、建立医生、教练员和运动员三结合的训练制度

在预防和治疗运动损伤的工作中，必须开展医生、教练员和运动员三结合的工作方法，经常组织有关体育理论和运动创伤基本知识的学习讨论，使大家都能掌握运动损伤的发病规律和防治措施，以利医生、教练员和运动员共同协作，研订制定科学的训练内容、训练计划、运动诊断以及控制和预防运动损伤的办法、措施，加强对伤病员的管理，这对提高运动水平，减少运动损伤无疑是具有重要意义的。

六、其他

加强对运动场地、设备和个人防护用具的安全检查工作，加强保护和自我保护。尤其在竞技体操等项目中，保护显得非常重要。

竞技体操是一项比较复杂，空间动作较多的运动项目，其练习者容易出现失误，摔倒受伤，尤其是初学者，或新学习高难度动作时，更需要有人保护，不可过早脱保，同时练习者也要学会自我保护的方法。

第八节 预防武术运动损伤的注意事项

预防武术运动损伤的基本原则同预防一般运动损伤的基本原则是一致的。这里要重点突出的是与武术运动项目特点有关的一些注意事项。

一、重视武术运动的颅脑损伤问题

这是一类比较特殊的运动损伤，常可危及运动员的生命或造成运动员残废。由于武术运动的搏击性竞争性激烈，这类损伤又是不可避免的，应引起我们高度的重视。首先要做好头面部的防护工作，头面部防护设备要仔细检查，质量要符合卫生保护的要求，另外练习和竞赛中要严格遵守竞赛规则，注意保持身体状况良好，避免过度训练。一般说来，一旦发生颅脑方面的损伤，应请脑外科的专科医师会诊。

二、重视肌肉、肌腱的劳损性拉伤及腱止点的末端病

这是由于武术运动中拉伸、压腿、劈叉练习特别多的缘故。这一类损伤的最好治

疗是从预防着手，而不应该仅考虑治疗问题，因为损伤一旦形成，疼痛反复，难以忍受，对运动员的训练和比赛有很大的影响。传统武术运动对肌肉、肌腱的训练经验是"酸加痛减伤停"，它的意思是指当练到感觉酸时还要加训练量，当练到感觉痛时减少训练量，当受伤时就停止训练。这样的训练原则有一定的科学性，但也具一定的片面性。对肌肉、肌腱的训练，应遵循科学训练原则和循序渐进的原则，合理安排好伤后训练和康复训练并采取适当措施。国外的一些具体经验是，良好的柔韧性可较好地预防运动创伤，相反过分柔软会造成关节松弛，反而易造成运动创伤，必须认识到柔韧性的获得是长期训练的结果，不可能在很短的时间内获得。在进行肌肉、肌腱的柔韧性牵拉训练时，应采用"渐进牵拉法"（gradualt stretch method），即逐步将肌肉、肌腱牵拉到感觉不舒展的位置，维持 6 ～ 10 秒钟，再这样反复牵拉，一般每天至少重复几次，每次以牵拉 20 ～ 40 次为宜。每次训练要求能在牵拉的最终位置维持至少 30秒，经过一段时间的训练后，要求能在最终位置维持 1 分钟左右。一般在进行引起酸痛不适的肌肉、肌腱牵拉训练时，最好每周不超过 4 ～ 5 天，其基本原理是既要让肌肉、肌腱受到充分的牵拉、伸展，产生良好的训练效果，又要让受到微细损伤的肌肉、肌腱组织有充分的修复适应时间。如果微细损伤不断反复，只会使结缔组织增生，疤痕组织形成，肌肉、肌腱的柔韧性反而降低，更易受到损伤。从生物力学的角度上讲，这是当肌肉、肌腱组织受到应力的反复牵拉时，会在组织中产生应力积累，使组织的延伸性受到影响，这时就一定要给肌肉、肌腱组织一个应力恢复或应力松弛的时间，这样才能使肌肉、肌腱组织保持其良好的生物材料力学特性。慢性劳损一旦形成，一般不应完全停止训练，应制订康复训练计划，康复训练计划中应特别重视患部肌肉韧带的柔韧性训练安排，边治边练常可取得良好的效果。

另外关于关节软骨的劳损，如髌骨软骨病、关节软骨盘的劳损、肌肉的延迟性酸痛等问题，我们将在后面专门的章节里论述。

第九节　散手损伤及现场急救

一、散手运动损伤防治概论

散手运动损伤是运动医学的重要组成部分，它研究散手运动损伤的预防、发生规律、诊断、治疗和康复，通过总结损伤发生原因、治疗的效果及重新恢复训练的时间及能力，为保证运动训练的正常进行，提高运动成绩提供科学依据和指导。

散手运动损伤是指在散手运动过程中或因散手运动因素而发生的各种损伤。它不同于一般的创伤，它的发生与运动训练安排、运动项目与技术动作、运动训练水平、运动环境与条件等因素有关。由于运动训练而引起的微细损伤和慢性劳损往往与运动项目的特殊技术要求和身体某些部位存在一定的生理解剖弱点有关，当专业运动员从事专项运动时，往往会出现一定的体征、损伤并有可能逐渐发展严重，而当停训或结束专业运动员生涯时，伤情就会减轻或逐渐得以改善，因此有人将这类慢性损伤称为运动员的职业病。在各类运动专项中，各类急性损伤的发生也各有特点，如在散手运动中，以各种形式的擦伤、挫伤最为多见，这种与专项技术要求密切相关的急性损伤，有人将其称为专项运动技术损伤。当发生运动损伤以后，运动员就不能参加正常的训练和比赛，从而妨碍运动成绩的提高，缩短运动寿命或过早地结束运动生涯；严重的损伤，可能会引起运动员身心残障，甚至造成死亡事故。因此，无论是教练员或是运动员，都有必要学习和掌握运动损伤学的知识和技能，充分认识运动损伤预防的重要性和意义，掌握运动损伤的发生规律、特征、预防、诊断、康复和急救原则等，最大限度地减少或避免运动损伤的发生，一旦发生损伤，能采取一定措施使运动员得到治疗与康复。

（一）散手运动损伤的分类

下面介绍的是几种常见的运动损伤分类。

1. 按受伤的组织结构分

皮肤损伤、肌肉肌腱损伤、关节损伤、滑囊损伤、骨损伤、骨骺损伤、软骨损伤、神经损伤、血管损伤、内脏器官损伤。

2. 按伤后皮肤、黏膜是否完整分

（1）开放性损伤：伤后皮肤、黏膜的完整性被破坏，有伤口与外界相通，如擦伤、刺伤、切伤、裂伤、开放性骨折等，这类损伤有伤口和出血，应注意抗感染和止血。

（2）闭合性损伤：伤后皮肤、黏膜仍保持完整，无伤口与外界相通，如挫伤、肌肉拉伤、关节扭伤、腱鞘炎、闭合性关节脱位与骨折等，这类损伤无法直接看到，一般都有出血，应注意尽早作出正确诊断和止血。

3. 按伤情轻重分

（1）轻伤：伤后基本能按原计划进行训练。

（2）中等伤：伤后不能按原计划进行训练，需暂停或减少患部训练。

（3）重伤：伤后完全不能训练。

4. 按损伤病程分

（1）急性损伤：指一瞬间或一次性遭受直接或间接暴力引起的损伤。

（2）慢性损伤：指因多次微细损伤、局部过度负荷而逐渐积累的劳损，或急性损伤处理不当或损伤未愈再伤逐渐转变所致的陈旧性损伤。

（二）散手运动损伤的发生规律及预防

1. 散手运动损伤发生规律

同其他运动项目比较而言，散手运动的损伤发生率是较高的，特别是专业运动员的损伤发生率较高。根据对 1996 年全国武术锦标赛（散手团体赛和散手个人赛）参赛运动员的检查和调查情况统计，213 名参赛的男运动员都发生过两次以上的损伤。

从损伤发生部位特点来看，散手运动中的损伤几乎遍及全身。其中以头面部的鼻粘膜损伤出血为最多，其次是身体各部位的擦伤尤其是小腿部位的擦伤。在上肢损伤中，以肩关节脱位、肩袖损伤、肘内侧软组织捩拉伤、指间关节损伤最多见；躯干以胸肋部挫伤、腰背肌肉筋膜损伤最多；下肢最常见的是小腿部擦伤、膝关节内外侧副韧带损伤、踝关节扭伤、足背挫伤及足舟骨和足跖骨骨折。

从损伤发生场合特点来看，散手运动损伤大多发生在训练中，约占 72%，在比赛中造成的损伤约占 28%。训练课中发生的损伤，急、慢性伤都有，但慢性伤和劳损较多；比赛中发生损伤，则以急性损伤为多，少部分是旧伤复发或加重。

从损伤性质特点来看，根据调查结果，绝大部分为软组织损伤，包括肌肉、韧带、肌腱、筋膜、关节囊、腱鞘、皮下组织，也有骨组织的损伤和内脏器官包括大脑的损伤，软骨损伤也不少见，因此，散手运动员的损伤种类比较多。

从损伤发生的原因来看，根据调查结果，由于预防知识不足，对损伤发生的可能和损伤发生后应采取的临时急救处理、伤后训练安排和康复训练不够重视，致使伤害事故不断发生；准备活动存在问题、训练或比赛组织安排不当、训练水平包括心理素质存在问题、身体机能状况不佳、不合理或未使用护具、场地有问题也是造成损伤的原因。

2. 散手运动损伤预防

（1）积极、认真地对运动员开展预防运动损伤的宣传、教育工作，并采取各种行之有效的预防措施。

（2）重视准备活动。准备活动要充分，但量又不宜过大；准备活动应与专项运动的基本内容结合好；控制好准备活动的时间及其与正式运动的时间间隔：准备活动一般控制在 15～20 分钟，也可视运动员个人情况稍延长；准备活动与正式运动之间的间隔时间为 1～4 分钟。

（3）提高训练水平，加强易伤部位及相对薄弱部位的训练，提高机能和承担运动负荷的能力，是预防运动损伤的一种积极手段。

（4）合理安排训练和比赛。训练计划的安排要遵守科学训练的原则，参加比赛时应遵守比赛规程和规则，比赛后应注意调整休息。

（5）正确使用护具，加强场地、器械的安全措施，强调即使是训练时也应佩戴护具。

（6）在生病、身体机能状况差时，不宜进行剧烈活动和比赛，这也是为预防损伤发生所采取的措施。

（7）认真填写损伤登记卡，定期进行统计分析和研究，及时做好预防工作。

（三）急、慢性软组织损伤的处理

1.急性软组织损伤的处理

急性软组织损伤的病理过程可分为组织损伤出血、炎症反应及肿胀、肉芽组织形成和疤痕形成四个阶段。急性损伤起病急、病程短，局部病变常以变质和渗出为主，临床症状与体征较明显。

按急性损伤的病理过程大致可分为早、中、后三个时期，处理这类软组织损伤的基本原则和治疗方案如下。

（1）早期指伤后 24 或 48 小时内，组织出血和局部急性炎症期。这一时期的处理原则主要是适当制动、止血、防肿、镇痛和减轻炎症。

治疗方案是伤后即刻冷敷，加压包扎，抬高伤肢，适当制动。一般是先冷敷，再加压包扎，也可同时进行冷敷和加压包扎。加压包扎 24 小时后即可拆除，再根据伤情做进一步处理，如外敷新伤药，疼痛重者服止痛片，淤血较重者内服跌打丸、厘散等。

（2）中期指伤后 24 或 48 小时后，出血已停止，急性炎症逐渐消退，但伤部仍有淤血和肿胀，肉芽组织正在形成，组织正在修复。处理原则主要是改善伤部血液和淋巴循环，促进组织代谢，促进淤血的渗出与吸收，加速再生修复。

治疗方案可采用热疗、按摩、拔罐、药物治疗（如外敷活血生新剂）。同时，应根据伤情进行适当的康复功能锻炼，以保持机体神经及肌肉的紧张度，维持已建立起来的条件反射及各器官、系统的反射性联系。

（3）后期指损伤基本修复，肿胀、压痛等局部征象已基本消失，但功能尚未完全修复，锻炼时仍觉疼痛和酸软无力。有些严重的损伤可能会因粘连或疤痕收缩，出现伤部僵硬、活动受限等情况。处理原则是增强和恢复肌肉、关节的功能，如有疤痕硬结和粘连，应设法使之软化、松解。

治疗方案以按摩、理疗、功能锻炼为主，适当配以药物治疗，如用旧伤药外敷或海桐熏洗药熏洗。

2. 慢性软组织损伤的处理

慢性软组织损伤的病理变化主要是变性和增生。由于伤部长期代谢障碍而引起组织形态和功能上的改变，伤员自感伤部酸胀、疼痛、活动不便、局部发凉等。

慢性软组织损伤的处理原则主要是改善伤部血液循环，促进组织的新陈代谢，合理安排局部负担量。治疗方案与急性损伤的中、后期大致相同，但应注意康复功能锻炼，治疗上以按摩、针灸、理疗、局部注射肾上腺皮质素等方法效果较好。

（四）闭合性软组织损伤的冷、热、拔罐疗法

1. 冷疗法

冷疗法是运用比人体温度低的物理因子（冷水、冰、蒸发冷冻剂）刺激来进行治疗的一种物理疗法。

冷因子刺激躯体可使组织温度下降，周围血管收缩，明显地减少局部血流量及充血现象，还可使周围神经传导速度减慢，因此有止血、退热、镇痛、防肿的作用。它可使肌肉的收缩期、松弛期及潜伏期延长，降低肌张力及肌肉的兴奋性，因而还有解痉作用。

冷敷法：将冷毛巾或冰袋在损伤局部外敷，每次 20 ～ 30 分钟，也可用冰块按摩或将伤肢直接浸泡在冷水中，但应缩短时间。

蒸发冷冻法：利用一些容易蒸发的物质接触体表，吸收热能而使局部温度降低。常用的是烷类喷射法，喷射时喷出的细流应与皮肤垂直，距皮肤 30 ～ 40 厘米，喷射 5 ～ 10 秒，至皮肤出现一层白霜为止。有时为加强治疗作用，间隙 20 ～ 30 秒后可再喷射一次，但喷射次数不宜过多，以免冻伤。

2. 热疗法

热疗法是运用比人体温度高的物理因子（传导热、辐射热）刺激来进行治疗的一种物理疗法。

热疗能使局部血管扩张，促进血液和淋巴循环，提高组织新陈代谢，缓解肌肉痉挛，促进淤血和渗出液的吸收，因而有消肿、散淤、解痉、镇痛、减少粘连和促进损伤愈合的作用。

热敷法：将毛巾浸透热水或热醋后放于伤部，无热感时立即更换，每次敷30分钟左右，每天1～2次，也可用热水袋热敷。

蒸熏法：用配好的药物加水煮沸，将需治疗部位直接用蒸气熏，每次治疗20～40分钟，每天1次。此法能使药物通过温热作用渗入局部而起到治疗作用。此外，也可用稀释的温热药直接浸泡伤处。

红外线疗法：红外线由热光源产生，治疗时把红外线灯移至治疗部位的上方或侧方，灯距一般为30～50厘米。治疗时可调整灯距，一般以皮肤有舒适温热、皮肤出现桃红色均匀红斑为合适，若过热或热感较差都应调整距离。每天1～2次，每次15～30分钟，15～20次为一疗程。

3. 拔罐疗法

拔罐疗法俗称"拔火罐"，是利用火的燃烧造成罐内负压，使罐吸附在皮肤上来治疗疾病的一种物理疗法。

拔罐时罐内形成的负压吸力较大，使局部毛细血管充血甚至破裂而产生淤血，淤血消退过程中的溶血作用，有利于机体功能的恢复。在穴位上拔罐时，对穴位是一个刺激，有通经活络的作用。拔罐时局部皮肤有温热感，有热疗作用。

拔罐方法：先在伤部附近找穴位，然后根据拔罐的部位选择火罐的大小及留罐时间，面积大、肌肉厚的地方，选用大罐，留罐3～5分钟；面积小、肌肉薄的部位，宜用小罐，留罐10～20分钟。气候炎热时留罐时间应缩短，寒冷时可稍延长。一般隔日拔一次，5～7次为一疗程。

点火一般采用"闪火法"。用一铁丝棒，一头缠上棉球，沾上酒精后点燃，伸入罐内旋转燃烧片刻，迅速抽出并立即将火罐扣在皮肤上。起罐时，一手按压罐口周边皮肤，另一手将罐扳斜，使空气进入罐内，罐便自然脱落。不可强力硬拔，以免损伤皮肤。

罐子拔上以后如病人感觉局部紧痛，或有烧灼感，应把罐子起下，检查是否烫伤或皮肤过敏。如果为烫伤，应另换部位；如果为皮肤过敏反应，不宜再拔。患者如果出现头晕、恶心、面色苍白，应立即起罐，让患者平卧休息片刻，喝点开水，即可恢复。起罐后皮肤出现发红、青紫，属正常反应；如出现水泡，可用消毒针刺破，涂以紫药水。

（五）保护支持带

1. 保护支持带的作用

（1）使用保护支持带后可避免受伤韧带和其他组织的松弛，保持关节的稳定性。

（2）限制肌肉、肌腱超常范围的活动，使已伤组织适当休息，以利修复，以免已伤组织再伤。

2.使用方法

散手运动中的保护支持带包括护具、粘膏、弹力绷带、纱布绷带等。保护支持带的使用要正确，否则会产生相反的结果。总的原则是关节能固定于相对适宜的位置，受伤组织不再受到牵扯，活动时不使疼痛加重。

在散手运动中常用的保护支持带的用法如下。

（1）手腕部保护支持带。使用手腕部保护支持带的目的是保护掌指关节和腕骨、指骨。手腕部的保护支持带有多种，可采用弹性绷带或棉布绷带。其中最常用的一种是先以环形包扎法开始，以"8"字形包扎法分别包扎第一、二、三、四、五掌指关节，最后在腕部做环形包扎并打结。

（2）膝侧副韧带损伤粘膏支持带。先用两条宽约4厘米的粘膏交叉地贴于膝关节的伤侧，再用三条粘膏分别横贴髌骨、大腿和小腿中部，将前两条固定，然后戴上护膝或缠上弹力绷带。

（3）距腓前韧带损伤粘膏支持带。用宽约2～3厘米的粘膏数条，将踝关节固定于外翻位，再用弹力绷带包扎。

（4）"足球踝"保护支持带。使踝关节保持直角，用普通布带或弹力绷带从小腿内侧向外侧横扎后绕至足底，再从足内侧绕足一圈后，经足跟内侧绕向小腿，又经足背绕到足底，再经足跟外侧绕到小腿后面，环绕小腿以环形包扎法结束。

（5）足弓劳损粘膏支持带。用宽约4厘米的粘膏绕足弓部3～4圈。

其他大腿肌肉拉伤用护腿或弹力绷带包扎，腰部损伤用宽带围腰或皮围腰支持保护，腕部损伤用护腕等。

3.注意事项

使用粘膏支持带前应把局部汗毛剃去。选用粘膏宽窄应与损伤部位相符，粘贴时要平整、粘牢。一般情况下，避免连续缠绕肢体，以免妨碍血液循环。受伤部的支持带不应保留5天以上，需要时可重新粘贴。比赛时使用的，赛后立即拆除。

二、散手运动中常见的运动损伤

（一）开放性软组织损伤

1. 擦伤

擦伤是散手运动中最轻也是最常见的一种开放性损伤。运动员被手套、护腿擦伤，或摔倒时擦伤最为多见。

小面积、表浅、无异物污染的皮肤擦伤，训练和比赛时可直接喷上"好得快"等同类药物后继续训练比赛，待比赛、训练结束后，先用生理盐水直洗消毒，局部涂抹2%的红汞药水或1%～2%的龙胆紫液，不必包扎，但面部的擦伤最好不用龙胆紫等染色剂涂抹。关节附近的擦伤，不宜采用干燥暴露法治疗，干裂后既影响运动又易感染，还有可能波及关节，可采用5%～10%的磺胺软膏或青霉素软膏涂敷。如是大面积擦伤或伤处有异物，可先用生理盐水彻底直洗伤口，并以绷带加压包扎。对于污染较严重的伤口，先将异物面底清除，再用凡士林纱布覆伤口，由医生清创后，还要使用抗菌药物和注射破伤风抗毒血清。

2. 撕裂伤

散手运动中最常见的是眉弓部的撕裂伤，还有额部、唇部的撕裂伤。当发生面部撕裂伤以后，为了继续比赛，可先用生理盐水直洗，再用肾上腺素液棉球压迫止血，后用粘胶封合。待比赛结束后到医院做清创缝合、抗感染及预防破伤风治疗。

（二）挫伤

1. 原因

当被对方踢中、击中时都有可能发生挫伤，散手运动中较易发生挫伤的部位有大腿、小腿、胸部、头部、睾丸等。

2. 征象

单纯性挫伤，一般都有疼痛（先轻后重，一般持续24小时）、压痛、肿胀、出血、功能障碍。挫伤后的出血可为淤点、淤斑及皮下组织中局限性积血（血肿），挫伤重者疼痛和功能障碍较明显。

复杂性挫伤较为严重，如头部挫伤后轻者可发生脑震荡，严重者可能会造成颅骨骨折而合并脑挫伤以至危及生命；大、小腿挫伤严重时可引起股四头肌及肠肌肌肉或肌腱的断裂；胸部挫伤可合并肋骨骨折甚至肺脏损伤形成气胸或血胸；睾丸挫伤可因剧烈疼痛而引起休克；腰部挫伤可合并肾挫伤等。

少数病例挫伤部可继发感染性化脓；肌肉挫伤后可出现继发钙质沉着化骨，形成化骨性肌炎；严重的挫伤形成的血肿有时会妨碍血液循环，引起局部肌肉的缺血性挛缩。

3. 处理

对于单纯性挫伤，可施行局部冷敷、加压包扎、抬高伤肢、外敷新伤药等处理方法。对于复杂性的挫伤，如有休克症状时，应首先进行抗休克处理，采用止痛、止血等抗休克措施，同时急送医院治疗；如睾丸挫伤，则用三角带吊起，卧床局部冷敷；肌肉、肌腱断裂者，将肢体固定包扎后，送医院治疗。

4. 预防

散手训练和比赛时，除戴上规定的护具外，还应加强运动员的自我保护能力的训练，并严格裁判，对禁踢部位要禁止粗野动作。

（三）肌肉拉伤

当肌肉主动收缩超过了负担能力或被动拉长超过了伸展性时，就会造成肌肉微细损伤、肌肉部分撕裂或完全断裂，称为肌肉拉伤。

1. 原因

散手运动中较常见的肌肉拉伤是大腿后群肌的肌肉拉伤，当侧踹动作过猛而又踹空时，较易发生腘绳肌起点或肌腹部的拉伤；又如运动员抱摔时，腰部用力、扭转过猛都有可能造成腰肌拉伤；长时间训练和连续比赛，疲劳积累，肌肉会有僵硬、酸痛感，如不注意也易造成肌肉拉伤；比赛或训练前准备活动不充分，也是造成肌肉拉伤的原因。

2. 征象

有受伤史，受伤后局部疼痛、压痛、肿胀、肌肉紧张、发硬、痉挛、功能障碍；严重的肌肉拉伤往往有明显的肿胀及皮下淤血；肌肉断裂者可摸到凹陷或出现一端异常膨大。肌肉拉伤时受伤肌肉主动收缩或被动拉长时疼痛加重，肌肉收缩抗阻力试验阳性。

3. 处理

伤后马上给予冷敷、局部加压包扎、适当制动、抬高伤肢，并把患肢放在使受伤肌肉松弛的位置以减轻疼痛。肌纤维轻度拉伤及有肌痉挛者，用针灸法可以取得很好的疗效，并可在 24 小时后进行按摩。肌纤维部分断裂者，48 小时后可开始按摩，但手法要轻缓。对怀疑有肌肉、肌腱完全断裂者，应在局部加压包扎固定患肢后，立即送医院确诊，必要时接受手术治疗。

在伤后康复期，肌纤维轻度拉伤时，伤部停训 2 ～ 3 天，而肢体运动不一定要完全停止，可做些静力性肌肉收缩练习，但避免那些重复受伤的动作。一周后可逐渐增加肌肉的力量和柔韧性练习。10 ～ 15 天后，症状基本消除，可投入正式训练，但训练时应使用保护支持带或戴上护腰。部分肌纤维断裂者应立即停训，最好能在肌肉松弛状态下休息 2 ～ 3 天，第 4 天后可在无疼痛范围内做伸展性练习，3 ～ 4 周后再进行正常的专项训练。肌肉断裂经手术缝合的患者，术后固定期可做些不负重的收缩练习，拆线及去除固定后，应进行有效的伸展与提高肌力的练习，约两个月后再投入正常训练。

4. 预防

加强易伤部位的力量和柔韧性练习，并加强屈肌与伸肌的力量平衡。调练和比赛前要做好充分的准备活动，合理安排运动量，改进战术动作以防肌肉拉伤。

（四）急性腰部损伤

急性腰部损伤包括肌肉、韧带、筋膜及小关节扭伤。

1. 原因

当运动员弯腰、伸膝突然向上爆发用力时，或做侧抬腿动作时下肢动作快于躯干动作，或运动员自身腰、膝部肌力不足时，或脊柱过度前屈又突然转体，脊柱超常范围运动时，均可造成腰部的急性损伤。

2. 征象

（1）肌肉轻度扭伤：患处隐痛，随意运动受限，不能弯腰，扭伤严重时因肌痉挛可引起脊柱生理曲线改变；腰扭伤时疼痛可牵涉到下肢，但仅局限在臀部，大腿后部和小腿感觉正常。

（2）棘上韧带与棘间韧带扭伤：扭伤后局部压痛，过度前弯腰时疼痛加重，而腰伸展时疼痛较轻，棘突上或棘突之间有局限而表浅的明显压痛点；如疼痛剧烈，压痛处韧带松弛面有凹陷，腰前屈时棘突间距离增大，提示可能为韧带完全断裂。

（3）筋膜破裂：腰部扭伤可造成腰背筋膜破裂，多发生在低棘肌鞘部和髂嵴上、下缘；患处有明显压痛，弯腰和腰扭转时疼痛较重，腰伸展时疼痛较轻；其余征象与肌肉扭伤相似。

（4）小关节交锁：往往发生于肌肉无活动准备的仓促弯腰扭转动作，受伤当时即有腰部割裂疼痛，呈保护性强迫体位，不敢做任何活动，亦惧怕任何搬动，尤其不能做腰后伸活动，几乎整个腰部肌肉都处于紧张僵直状态，走路时以手扶腰，步态迟缓，惧怕触动；疼痛位置较深，不易触到压痛点，但叩击伤处可引起震动性剧烈疼痛。

3. 处理

急性腰扭伤的病人一般应卧床休息，仰卧于有垫子的木板床，腰部垫一薄枕，以便放松腰肌，也可以与俯卧位相间交替，避免受伤组织受牵扯，以利修复。轻度扭伤休息 2 ～ 3 天，较重扭伤需休息一周左右。

伤后即可进行穴位按摩，在人中、肾俞、大肠俞、委中等穴位上施以手法，以产生较强的得气感，一般都能止痛并使腰部活动度增加。

此外，急性腰部扭伤后还应配合外贴活络止痛膏，内服活络止痛药以及拔罐、针灸、理疗、局部注射强的松龙等方法，以取得更好的疗效。

4. 预防

正确掌握技术动作要领，提高腰、腹肌的协调性及反应性，避免伸膝、弯腰屈髋的向上爆发力动作；腰部力量练习时适当使用护腰带。

（五）膝关节急性损伤

1. 原因

膝关节的稳定性靠膝关节周围的肌肉和肌腱，内、外侧副韧带，前、后十字韧带以及内、外侧半月板来维持。当膝关节不同结构损伤时，其原因也不一样。

（1）内侧副韧带：当膝关节屈曲成130° ～ 150° 时，小腿突然外展外旋，或当足及小腿固定，大腿突然内收内旋，都可使内侧副韧带损伤；如当膝关节外侧受到暴力直击，或动作空而用力过猛时，都有可能造成损伤；损伤程度与扭转力大小有关，严重扭转力会使韧带完全断裂合并、内侧半月板撕裂、前十字韧带损伤。

（2）外侧副韧带：由于外侧副韧带形如圆束并有股二头肌腱与髂胫束加固，所以受损的机会较少。当膝关节屈曲，小腿突然内收内旋或大腿突然外展外旋时，可发生外侧副韧带损伤。

（3）十字韧带：膝关节半屈曲位时突然地旋转、内收、外展都可能发生十字韧带的损伤，常合并内侧副韧带或半月板损伤，有时是单独损伤。

（4）半月板：膝关节半屈曲位小腿外展外旋或内收内旋时，两块半月板滑动不协调，就会使半月板夹在股骨髁和胫骨平台之间，受到急剧的研磨、捻转而撕裂。

2. 征象

（1）膝关节疼痛：当膝关节发生轻度韧带扭伤时，膝部某处常突然疼痛，但往往立即减轻，能继续坚持比赛，比赛后疼痛加重，能持重和行走；如果受伤时，膝内有啪啦声，同时伴有局限性撕裂样剧痛，患肢不能持重，不能行走，提示可能发生韧带完全断裂或膝关节联合损伤。

（2）膝关节肿胀：当膝关节扭伤时，肿胀较轻，局限于某一处；如果韧带完全断裂，则局部肿胀明显并有皮下瘀斑；联合损伤时，迅速发生全膝关节肿胀，周径增大，膝关节周围可见皮下瘀斑，浮髌试验阳性，甚至会有小腿的凹陷性浮肿。

（3）膝关节压痛：膝关节扭伤时都有恒定的压痛点，如果膝关节内侧近股骨内上髁处局限性压痛，则为膝内侧副韧带扭伤；膝关节外侧近腓骨小头处局限性压痛，则为膝关节外侧副韧带损伤；膝的一侧关节间隙压痛，可能为半月板的边缘部撕伤；髌韧带两侧的压痛，可能为半月板的前角损伤；半月板的内缘或后角损伤，十字韧带损伤，都靠近膝的中央部，不容易查到压痛点；如果在压痛点摸到局部组织有缺陷性凹陷，则多为韧带完全断裂的表现。

（4）膝关节活动障碍：伤后膝关节周围肌群肌肉痉挛，使膝关节处于轻度屈曲位置，但患者能主动缓缓将膝关节伸或屈至正常范围；半月板损伤或十字韧带损伤者，当时就会膝关节不稳，膝部软弱无力甚至倒在地上，不能完成正在进行的动作和持重行走。若发生垂足、足背和小腿外侧皮肤感觉消失或减退者，则为合并腓总神经损伤。

（5）膝关节交锁：膝关节扭伤一般没有交锁现象。关节交锁见于半月板部分撕裂、十字韧带断裂、内侧副韧带断裂，内侧副韧带断端嵌顿在关节间隙间而引起。关节交锁的表现为偶然一次膝关节屈伸活动中，突然"卡住"于半屈伸状态，一些患者在主动活动膝关节时伴随"咔嗒"一声而再伸直，称为"解锁"。

3. 检查方法

（1）膝关节侧向运动试验：用于检查侧副韧带的损伤。方法是令患者仰卧，膝关节伸直屈曲30°位，检查者一手握住并固定踝部，另一手放在膝关节的外侧，被动外翻膝关节，膝关节外翻活动异常与膝内侧痛，提示膝内侧副韧带断裂；若另一手放在膝关节的内侧被动内翻膝关节，如膝内翻活动异常与膝外侧痛，则提示膝外侧副韧带断裂。如检查时膝关节无明显异常活动而仅有轻微疼痛，则多为韧带扭伤。这项试验需两侧对照检查，最好能在受伤时立即检查，以免出现假阳性。

（2）抽屉试验：是检查前后十字韧带有无松弛的方法。患者取仰卧位，双膝屈曲，检查者用大腿抵住病人的足背，双手握住患肢胫骨上端用力前、后推拉；如果胫骨上端有向前移动现象，则证明十字韧带松弛；反之，如向后过多地移动，则证明有后十字韧带断裂。

（3）麦氏试验：是检查膝关节半月板损伤的方法。患者取仰卧位，充分屈膝屈髋，检查者一手握住患足部，另一手扶在膝上，使小腿外展、外旋，将膝关节由极度屈曲面缓慢伸直，如关节隙处有响音（听到或手感到），同时出现疼痛，即表明内侧半月板损伤；反之，则为外侧半月板损伤。

4. 处理

（1）轻微侧副韧带扭伤：疼痛较轻，肿胀不明显，侧向运动试验无异常、无关节屈伸功能障碍的患者，将患膝置于微屈曲位，停止活动 2～3 天，外敷活血止痛中药；3 天后，开始步行锻炼，用舒络酒按摩治疗，膝关节患处由远心端向近心端做轻推摩，大小腿肌肉用揉捏法；每日练习直膝抬腿及负重直抬腿、抗阻伸膝抬腿 2～3 次，总时间 40～50 分钟。如参加比赛，应用粘膏支持带及弹力绷带保护。

（2）较重的侧副韧带扭伤：患处肿胀明显，患膝呈半屈曲位，伸屈功能受限，侧向运动试验无明显异常膝外翻或膝内翻活动。如果患膝疼痛明显加剧，早期处理时应特别注意止痛、止血和保护损伤韧带不至于进一步加重损伤，可采用棉垫或橡皮海绵加弹力绷带加压包扎，再用托板将患膝固定于微屈位后抬高患肢休息。2～3 天后去除压迫材料，开始进行按摩，手法与轻微扭伤同，隔日 1 次，最好配合外敷和内服活血散淤、消肿止痛中药或理疗，继续托板固定，并同时开始每日做 2～3 次股四头肌静力收缩（绷紧）。伤后 10 天左右可加大按摩力量，增加按摩手法，增加直膝抬腿练习并逐渐过渡到负重直膝抬腿练习，同时配合外用和内服舒筋活络中药。2～3 周以后解除托板固定，开始练习走路，继续按摩治疗并增加弹筋手法，开始练习膝关节屈伸运动并逐渐过渡到屈曲位抗阻力伸膝练习。刚恢复下地走路时，伤处可贴活络膏或橡皮膏，患肢鞋跟用楔形垫垫高 0.5～1 厘米，以防反复扭伤，此法可持续至局部无压痛和肌力恢复正常为止。为膝关节功能的良好恢复，可同时采用按摩、理疗、中药熏洗。

（3）十字韧带不完全断裂：先用长腿托板固定患肢于 30°（伸直为 0°）位 6 周。固定期间与解除固定后的按摩治疗和功能练习原则上与较重的扭伤相同。

（4）十字韧带和侧副韧带完全断裂：尽量在伤后一周内手术缝合。

（5）半月板损伤由于急性期难以作明确诊断，可按重度扭伤处理，如有"交锁"感，必须"解锁"后才能固定。如是半月板边缘破裂还有自愈可能。

（6）陈旧性损伤：坚持有计划的膝关节屈肌功能锻炼和按摩治疗。如果股四头肌代偿功能良好，关节稳定性无明显受累，症状不明显，无关节交锁症，对膝关节要求不大的项目且不妨碍训练者，一般不予手术治疗，但应注意训练量和强度并加强医务监督；如症状严重，疼痛明显，关节不稳，关节交锁，妨碍训练者，可考虑手术治疗。

5. 伤后康复训练

当膝屈曲位抗阻力伸膝运动局部尚有疼痛时，应加强全身各健康部位的练习，以保存肌肉的紧张力和已获得的各种条件反射联系。同时，加强股四头肌与膝屈肌的静力性锻炼。当疼痛一消失，即可在粘膏支持带及弹力绷带固定下参加一般训练，如此进行 2～3 周无异常反应，伤处无深压痛，肌力亦基本恢复正常时，即可完全去除支持带，恢复正式训练和比赛。

6. 预防

提高运动员的专项技术和动作水平，纠正动作或技术错误；避免训练中下肢的过度负荷和疲劳；加强股四头肌及小腿三头肌与腘绳肌的肌力训练，增强关节的稳定性而又保持其灵活；防止粗野动作致伤。

（六）脑震荡

脑震荡是颅脑损伤中最轻的一种急性闭合性损伤。一般是指头部遭受暴力作用后，脑的神经组织被震荡而引起大脑暂时性的意识和机能障碍，其病理解剖和神经系统检查无明显器质性病变。但脑震荡可与其他颅脑损伤（颅内血肿、脑挫伤、颅骨骨折）合并存在，故应引起重视。

1. 原因

头部遭受钝性暴力打击所致，如在散手比赛中从擂台上摔下时头撞击地面，或头部直接被重拳击中均可引起脑震荡。

2. 征象

头部有外伤史，伤后即刻发生轻度的短时意识障碍，轻者几秒钟，重者也不超过半小时，昏迷时全身肌肉松弛无力，面色苍白，瞳孔放大，皮肤和腱反射减弱或消失，脉搏细弱，呼吸表浅。患者清醒后有逆行性健忘症——即对受伤情景甚至受伤前一段时间的事不能回忆，还常伴有头痛、头晕、耳鸣、心悸、失眠等症状，少数患者可能会有恶心、呕吐、心烦不安、注意力不集中，并可因头部活动或情绪紧张而加重。以上症状大多于数日后逐渐减轻或消失。

3. 处理

急救时，必须让伤员安静、平卧、保暖，不可随意搬动和让伤员坐或站立。昏迷不醒者，可掐人中或嗅以氨水使之苏醒。

治疗期间，应嘱患者短期（一两周）卧床休息，保持安静和良好睡眠状态，直至头痛、恶心等症状消失为止。不要过早参加运动，否则有可能带来后遗症。此外还可给予适当的药物治疗，如头痛者可用去痛片，恶心、呕吐者可给予氯丙嗪，心情烦躁、忧虑失眠者可服用安定，亦可配合针灸、按摩、中药、气功、太极拳等手段治疗。

由于脑震荡可与颅内血肿或脑挫伤并存，因此，伤员经过急救处理后，应卧床静息，严密观察，以便及时发现其他严重颅脑损伤。

4. 脑震荡与严重颅脑损伤的鉴别

如有下列症状之一者，提示可能有严重的颅脑损伤，应立即送医院处理：昏迷时间在五分钟以上，耳、口、鼻流脑脊液或血液，清醒后头昏、恶心、呕吐剧烈，两瞳孔不对称或变形，清醒后有颈项强直或出现第二次昏迷。在护送去医院时，患者应平卧，头侧用衣物等固定，避免摇晃及震动，以免加重病情。治疗休息期间，不能参加任何训练和比赛，否则会引起后遗症。

可采用"闭目举臂单腿站立平衡试验""指鼻试验"来初步判断是否可以恢复体育活动，并应密切注意动作的协调能力，以了解是否痊愈。

三、运动损伤的现场急救

（一）出血与止血

1. 出血分类法

根据受伤血管种类，出血分为动脉出血、静脉出血、毛细血管出血三种。

（1）动脉出血：血色鲜红，血液像喷泉样流出不止，出血速度快，出血量多，危险性大。

（2）静脉出血：血色暗红，血液像流水样缓慢不断流出，危险性小于动脉。

（3）毛细血管出血：血色红，血液从伤口慢慢渗出，常能自行凝固止血，一般没有危险。

根据出血流向，出血分为外出血和内出血两种。

（1）外出血：身体外表有伤口，可直接见到血液从伤口流向体外。

（2）内出血：身体表面没有伤口，血液由破裂的血管流向组织间隙（皮下组织、肌肉组织），体腔、管腔等内出血，不易发现，容易发展成为大出血，因此要特别注意。

2. 止血法

成人体内的总血量为 4000 ～ 5000 毫升，当骤然失血达总血量的 1/4 ～ 1/3 时，就有生命危险，所以必须尽快止血。在有内出血时，必须尽快作出诊断送至医院。下面介绍的是几种常用的外出血止血法。

（1）抬高伤肢止血法：将肢体抬高，使出血部位高于心脏，从而使出血部位的血压降低，减少出血。此法仅适用于四肢毛细血管及小静脉出血。

（2）加压包扎法：将伤口用无菌敷料盖上后，再用带加压包扎。此法用于小静脉和毛细管出血。

（3）加垫屈肢法：当前臂、手、小腿、足出血而没有骨折和关节脱位时，可将棉垫或绷带卷放在腿或膝关节窝上，屈曲小腿或前臂，再用绷带做"8"字形包扎。此法用于前臂、手、小腿、足出血。

（4）间接指压法：用手指把身体浅部的动脉压在相应的骨面上，可暂时止住该动脉供血部位的出血。此法用于以下七种情况的动脉出血。

①头部出血时（包括头部前面额、颞部出血），用拇指在同侧耳屏前方摸到颞动脉搏动后，将该动脉压在骨上。

②面部出血时，在伤处同侧下颌角前面约 1.5 厘米处，用手指摸到面动脉搏动后，将该动脉压在下颌骨上。

③上肢出血（包括肩部和上臂出血）时，可压迫锁骨下动脉。该动脉在锁骨上方，胸锁乳突肌外缘，用拇指将该动脉向后内正对第一肋骨压迫。

④前臂和手掌出血时，使患肢外展，用四指压迫上臂内侧。

⑤手指出血时，可压迫指动脉。压迫点在第一指节根部两侧，用拇食两指相对夹压。

⑥大腿和小腿出血时，可压迫股动脉。压迫点在腹股沟皱纹中点搏动处，用手掌或拳向下方的股骨面压迫。

⑦足部出血时，可压迫胫前胫后动脉，用两手的拇指分别按压于内踝与跟骨之间和足背皱纹的中点。

（二）包扎法

在运动损伤中及时正确地包扎能起到保护伤口、压迫止血、固定敷料和夹板、支持伤肢的作用。一般用的包扎材料为卷带和三角巾。

包扎过程中伤员取舒适体位并尽可能在包扎过程中不再改变伤肢位置。包扎时动作应力求熟练、柔和，不碰到伤口，以免加重损伤。包扎的松紧要合适，过紧会妨碍血液循环，过松将失去包扎的作用。卷带包扎时一般从伤处的远端开始，包扎结束时用粘膏固定，或将卷带末端留下一段，纵行剪开，缚结固定，缚结不要在伤处。

1. 卷带包扎法

（1）环形包扎法：多用于包扎肢体粗细均匀的部位，如额部、手腕、小腿下部。包扎时把带头斜放，用手压住，将卷带绕肢体包扎一圈后，再将带头的一个小角反折过来，然后继续绕圈包扎，后一圈盖住前一圈，包扎3～4圈即可。

（2）螺旋形包扎法：用于包扎肢体粗细差不多的部位，如上臂大腿下段、手指等处。包扎时以环形包扎法开始，然后将卷带向上斜形缠绕，后一圈盖住前一圈的1/2至1/3。

（3）转折形包扎法：又叫反折螺旋形包扎法，用于包扎粗细相差较大的部位，如前臂、大腿、小腿等处。

（4）"8"字形包扎法：用于关节部位的包扎，包扎法有两种。一种是从关节部位开始，先做环形包扎法，然后将圈带斜行缠绕，一圈在关节上方缠绕，一圈在关节下方缠绕，两圈在关节凹面交叉，反复进行，逐渐离开关节，每圈压住前一圈的1/2至1/3，最后在关节的上方或下方以环形包扎法结束。另一种是从关节下方开始，先做环形包扎法，然后由下而上、由上而下地来回做"8"字形缠绕关节，最后以环形包扎法结束。

2. 三角巾包扎法

有大、小两种三角巾，大三角巾用1米见方的白布对角剪开即成。小三角巾是大三角巾的一半。现介绍两种常用的三角巾包扎法。

（1）大悬臂带：适用于上肢损伤，但锁骨和肱骨骨折不能用。将大三角巾顶角放在伤肢后，一底角置于健侧肩上，伤肘屈曲成90°放在三角巾中央，下方底角上折包住前臂，在后与上方底角打结，最后把肘后的顶角折在前面，用别针固定。

（2）小悬臂带：适用于锁骨和肱骨骨折。先将大三角巾折成四横指宽的宽带，中央放在侧前臂的下三分之一处，两端在颈后打结。

（三）骨折的临时固定

所谓骨折，就是骨的完整性遭到破坏。在散手运动中，由于对抗性强，骨折是时有发生的。一旦发生骨折或疑有骨折，应马上按医学要求进行现场急救。

1. 骨折的种类和征象

骨折可分为闭合性骨折、开放性骨折、复杂性骨折。闭合性骨折是指骨折处皮肤完整，骨折端不与外界相通；开放性骨折是指骨折端穿破皮肤，直接与外界相通，这种骨折容易感染发生骨髓炎与败血症；复杂性骨折是指骨折后，骨的断端刺伤了重要的组织、器官，可发生严重的并发症。

骨折发生后，除有疼痛、压痛、肿胀及皮下淤血外，还有其特有征象，如震痛、骨擦音、畸形或假关节活动、功能丧失，还可能发生休克。

2. 骨折的急救处理原则

对有出血和伤口者，应先止血和保护伤口；对伴有休克者，应先抗休克，再行固定。固定前不得随意移动伤肢，为暴露伤口可剪开衣服、鞋袜，不能脱。对大腿、小腿和脊柱骨折，应就地固定。露出伤口的骨片，不应放回伤口或去除。

临时固定时，应采用有一定牢固性的夹板，夹板的长度必须超过骨折部的上、下两个关节；夹板与肢体接触处最好有垫衬物，空隙处要填紧，以免产生压迫性损伤；固定时用绷带或布条包缠，固定松紧应合适、牢靠，过紧会压迫神经、血管，使肢体血运不畅；固定后伤肢要保暖。

3. 各部位骨折的临时固定法

（1）锁骨骨折固定法：先在两腋下各放置一块棉垫，将三条三角巾折成宽带，用两条分别绕过伤员肩前面，在前后做结，形成肩环，另一条在背部将两环拉紧打结。

（2）肱骨骨折固定法：取一合适夹板，放于伤肢外侧，再用两条绷带固定骨折的上、下两端，然后用小悬臂带将前臂吊起，最后用三角巾把伤肢绑在躯干上加以固定。

（3）前臂骨折固定法：在伤员前臂的掌背侧各放一块夹板，用三角巾宽带绑扎固定后以大悬臂带悬挂胸前。

（4）手部骨折固定法：让伤员手握纱布棉团或绷带卷，然后用夹板和绷带固定手及前臂，最后用悬臂带吊起。

（5）股骨骨折固定法：用三角巾 5 ~ 8 条，折叠成宽带，分段放好；取长夹板两块，分别置于伤肢的外侧和内侧；外侧夹板自腋下至足底，内侧夹板自腹股沟至足底；放好后用上述宽条固定夹板，在外侧做结。

（6）小腿骨折固定法：用夹板两块，一块在外侧，自大腿中部至足部；另一块在内侧，自腹股沟至足部，然后用宽带 4 ~ 5 条分段固定。

（7）髌骨骨折固定法：伤员半卧位，一助手用双手托住伤肢大腿，急救者先缓缓将小腿伸直，在腿后放一夹板，夹板的长度自大腿至足跟，用 3 条三角巾宽带，分别于膝上、膝下和踝部固定。

（8）足骨骨折固定法：脱去鞋，在小腿后面放一直角形夹板，然后用宽带固定膝下、踝上和足部。

（9）对疑有胸腰椎骨折的固定与搬运：首先应注意尽量避免骨折处的移动；搬动时，必须由 3 ～ 4 人同时托住头、肩、臀和下肢；抬时，由某一人叫口令，同时在同一侧抬起伤员，并由其他人将担架迅速放在伤员下面，再将伤员轻轻放下，使伤员俯卧在平板担架上，胸部稍垫高，并用宽布带固定在担架上；绝对不能对伤员抱头、抬脚，以免脊柱极度弯曲，加重对脊髓的压迫和损伤。

（10）对疑有颈椎骨折的固定与搬运：应由三人搬运，其中一人专管伤员头部的牵拉固定，保持头部与身体的直线位置不摇动、不转动；同时将伤员仰放在平板担架上，头颈两侧用沙袋或衣服垫好，以防头部左右摇动，躯干用宽布带固定。

（四）关节脱位的现场急救

关节脱位也称脱臼，是指关节面之间失去正常的联系，散手运动中最常见的是肘关节脱位。在发生关节脱位时，由于暴力作用还可伴有关节折裂、关节周围软组织损伤，重时还可伤及神经或伴有骨折。关节脱位一般是由间接暴力所致。

1. 征象

关节脱位发生后受伤关节疼痛、压痛、肿胀，关节功能丧失，还会出现关节畸形的特有征象，表现为肢体的轴线发生变化，整个肢体呈一种特殊的姿势并与健侧不对称。通过 X 线检查可确定脱位的情况及有无骨折发生。

2. 现场急救

应该强调的是，在没有医生或没有整复技术时，不可随意做整复手术，以免加重关节周围的损伤。此时要立即用夹板和绷带在脱位所形成的姿势下固定伤肢，保持伤员安静，尽快送医院处理。

（1）颈椎、肩、肘关节脱位时的固定方法：颈椎脱位的现场急救、固定与颈椎骨折相同；肩关节脱位时，取三角巾两条，分别折成宽带，一条悬挂前臂，另一条绕过伤肢上臂；肘关节脱位时，用铁丝夹板弯成合适的角度，置于肘后，用绷带缠稳，再用小悬臂带挂起前臂，如无铁丝夹板，可直接用大悬臂带包扎固定。

（2）肩关节脱位的复位法：在肩关节急性脱位半小时内，由于患处反射性的神经传导阻滞处于麻木状态，不需麻醉就可复位。下面介绍的是一种简单易行的足蹬复位法。

在肩关节脱位时，绝大多数为前脱位。当检查发现为肩关节脱位时，让伤员仰卧，术者半坐于患侧床边，将一足跟置于伤员腋窝紧贴胸壁并向外推挤上臂上端，双手握患肢腕部，以足跟顶住腋窝做牵引。左肩脱位时术者用左足，右肩脱位时用右足。用力持续牵引患肢，并逐渐内收、内旋，即可复位。

（五）休克与抗休克

休克是指人体在遭受体内、体外各种强烈刺激后所发生的严重全身性综合征，以急性周围循环衰竭为主要特征。由于有效循环血量绝对或相对不足，使组织器官缺氧，发生一系列的代谢紊乱，造成恶性循环，如不及时处理，就会导致死亡。

1. 与运动损伤有关的几种休克

（1）出血性的休克：急剧大量出血是造成休克的常见原因。当失血量低于总血量的 1/4 时，血压还可维持正常或稍有变化，而当失血量超过总血量的 1/3 时，血压就会下降。

（2）创伤性的休克：骨和软组织损伤，剧烈的疼痛并常伴有一定量的失血，如多发性、出血多的骨折（骨盆或股骨干骨折）和骨折合并内脏损伤（肝、脾、肾破裂或肠系膜血管损伤），出血量都很大，患者多并发休克。软组织损伤时，如股四头肌挫伤伴撕裂、睾丸及腹部挫伤等，出血伴强烈的神经刺激可引起反射性的中枢抑制，使血管扩张，血液分布范围增大而导致血容量相对不足。脊髓损伤可以阻断血管运动中枢与周围血管间的联系，使血管扩张，引起休克。

2. 症状

当运动员因损伤出现休克以后，其主要症状为面色苍白、四肢发凉、冒冷汗、脉搏细数，早期可表现为兴奋不安，随后会出现精神萎靡、表情淡漠、四肢厥冷、血压下降、尿量减少、呼吸浅速，严重者可发生昏迷。

3. 创伤性休克的急救

让患者安静平卧休息并给以精神安慰，最好不要采用所谓的"休克位"即头低脚高位休息，因为这样会使颅内压增高、静脉回流受阻，也会使横膈上升造成呼吸困难加重缺氧。冬天注意保暖，夏天注意防暑。神志清醒又无消化道损伤者可酌情饮用热茶、糖水，保持呼吸道通畅。昏迷者应将头侧偏，用重手法点掐人中、合谷、内关等穴位或嗅氨水催醒。有损伤疼痛重者，应止痛和镇静，并进行必要的包扎、固定、止血。急救的同时迅速请医生或及时送医院治疗。

（六）人工呼吸和胸外心脏按压（复苏术）

散手运动中，较严重的外伤性休克，有可能出现呼吸、心脏骤停，如不及时抢救，就有可能导致生命危险。所以教练员、运动员有必要掌握一些复苏术。在进行复苏术时，关键是要快，抢救及时，操作正确，为进一步治疗打下基础。

1. 口对口人工呼吸

呼吸停止后，应立即施行有效的口对口人工呼吸。方法是让伤员仰卧，头部尽量后仰；托起下颌，捏住鼻孔，轻压环状软骨以防止空气吹入食管入胃，对准伤员口部吹气。吹完后松开捏鼻孔的手，让气体从伤员的肺部排出。如此反复，每分钟吹气16～18次。

施行人工呼吸时必须先清除口腔内异物、黏液及呕吐物，以保持呼吸通畅。吹气的压力和气量开始时宜大，10～20次后可稍减，不能间断，直至恢复自主呼吸或确定死亡为止。若同时心跳停止，则人工呼吸和胸外心脏按压应同时进行，两人操作时吹气与按压的频率之比为1∶5，一人操作时为2∶15。

2. 胸外心脏按压

心跳停止后，立即用拳叩击心前区，击力中等，连续3～5次。此法适用于心脏刚刚停搏应激性增强时，若心跳、脉搏恢复即复苏成功。若无效则应马上施用胸外心脏按压：伤员仰卧，急救者以一手掌根部按住伤员胸骨中下1/3交界处，另一手交叉重叠于手背上，肘关节伸直，充分利用上半身的重量和肩、臂部肌肉的力量，有节奏地带有直击性地垂直按压胸骨，使之下陷3～4厘米，间接压迫心脏，将手很快放松，让胸骨恢复原位，每分钟按压60～80次。操作时，如能摸到颈动脉跳动，上肢收缩压达60毫米汞柱以上，口唇、甲床颜色较前红润，或呼吸逐渐恢复，瞳孔缩小，就说明胸外心脏按压有效，应坚持操作至自主心跳出现为止。

参考文献

[1] 曲绵域，高云秋，浦钧宗，等. 实用运动医学 [M]. 北京：人民体育出版社，1982.

[2] 全国体育学院教材委员会. 运动医学 [M]. 北京：人民体育出版社，1986.

[3] 冯天有. 中西医结合治疗软组织损伤 [M]. 北京：人民卫生出版社，1977.

[4] 中国国家体育总局. 中国体育教练员岗位培训教材：羽毛球 [M]. 北京：人民体育出版社，1996.